Kinderängste verstehen und achtsam begleiten

Liebe Leserinnen, liebe Leser!

Wer hat schon gerne Angst? Vermutlich niemand, außer vielleicht in einem Gruselfilm, den man jederzeit abschalten kann. Angst stellt sich immer dann ein, wenn ein Mensch mit Unbekanntem, Uneinschätzbarem, möglicherweise Bedrohlichem konfrontiert wird oder bereits bedrohliche Erfahrungen in einer bestimmten Situation, mit anderen Menschen oder Gegebenheiten gesammelt hat. Gerade Kinder zeigen aufgrund ihrer Unerfahrenheit viele Ängste, die wir Erwachsenen im Laufe der Zeit durch positive Erfahrungen und bewältigte furchteinflößende Situationen verloren haben: Angst, ohne die Eltern zu sein, Angst im Dunkeln, Angst vor Fantasiewesen, Angst vor der sozialen Gruppe, Angst vor dem Unvertrauten und den kleinen Übergängen im Alltag und vielem mehr.

Angst ist nicht nur ein inneres Warnlämpchen, das unsere Sinne schärft und uns bei drohender Gefahr ganz besonders wachsam sein lässt. Sie hilft uns auch zu erkennen, wo Grenzen liegen, die wir bislang noch nicht überschritten haben. Genau an diesen Grenzen und beim Überschreiten derselben findet aber Lernen und Wachstum statt: „Ich habe es zum ersten Mal geschafft, eine Zeit lang ohne Mama und Papa klarzukommen"; „Endlich habe ich den Mut gefasst, im Morgenkreis etwas zu sagen!" Die innere Botschaft lautet dann: „Ich bin ein Stück gewachsen, Angst sei Dank!"

Dieses Sonderheft beschäftigt sich vor allem mit typischen Kinderängsten, die entwicklungsbedingt bei jedem Kind zu bestimmten Zeiten auftreten können. Bei verständnisvoller und angemessener Begleitung durch Eltern und pädagogische Fachkräfte verschwinden sie in aller Regel nach einiger Zeit wieder und werden im Rückblick von den Kindern nur noch belächelt. Bei manchen Kindern legen sich die Ängste jedoch nicht, sondern manifestieren sich und zeigen eine Intensität, die das Kind und seine Familie stark belasten können. Hier ist oft externe Hilfe durch Kinderärzt*innen, Heilpädagog*innen oder Kinderpsycholog*innen gefragt. Damit pädagogische Fachkräfte besser entscheiden können, wann die Grenze zur übermäßigen Angst überschritten wird, haben wir am Ende jedes Kapitels Fallbeispiele eingefügt, die veranschaulichen, wie sich übersteigerte Ängste zeigen können.

Wir hoffen, dass Sie nach der Lektüre das heikle Thema Angst differenzierter verstehen und die Kinder im Alltag noch mehr stärken können.

Joachim Bensel, Gabriele Haug-Schnabel, Johanna Kremers

Dr. rer. nat. Dipl.-Biol. Joachim Bensel, Verhaltensbiologe, lehrt an der Ev. Hochschule Freiburg „Pädagogik der Kindheit" sowie an der Universität Salzburg „Early Childhood Education" und führt unter anderem Forschungsprojekte zur außerfamiliären Betreuung und zur Einschätzung von Kindeswohlgefährdung in Kita und Hort durch. Er ist Mitinhaber der Forschungsgruppe Verhaltensbiologie des Menschen (FVM).

Dr. rer. nat. habil. Gabriele Haug-Schnabel, Verhaltensbiologin und Ethnologin, 20 Jahre Privatdozentin an der Universität Freiburg, lehrt aktuell „Pädagogik der Kindheit" an der Ev. Hochschule Freiburg und „Early Childhood Education" bzw. „Early Life Care" an der Universität Salzburg. Sie ist Gründerin und Leiterin der Forschungsgruppe Verhaltensbiologie des Menschen (FVM) und initiiert, leitet oder begleitet interdisziplinäre Forschungsprojekte zur kindlichen Entwicklung und Qualität in der außerfamiliären Betreuung.

Johanna Kremers, Dipl.-Heilpädagogin, Kinder- und Jugendpsychotherapeutin, 1995–2008 Mitarbeit in einer kinder- und jugendpsychiatrischen Praxis, 2003–2018 Tätigkeit in eigener psychotherapeutischer Praxis. Seit 2009 Mitarbeit im psychologisch-therapeutischen Dienst einer Jugendhilfeeinrichtung (Fachdienst für Kind und Familie Tüllinger Höhe).

Inhaltsverzeichnis

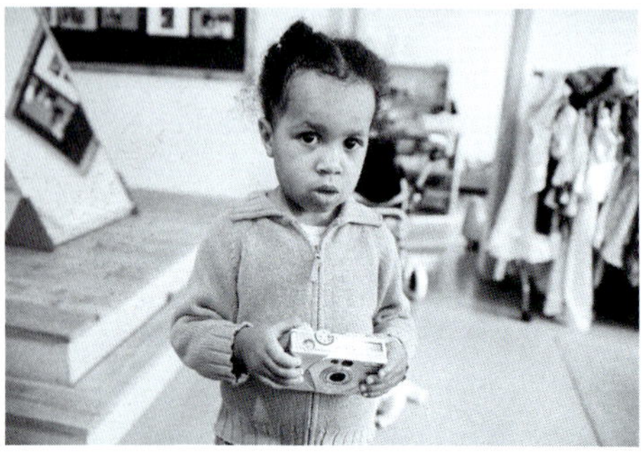

I

Angst ist ganz normal

Kindliche Ängste sind ein wichtiger Teil der normalen sozial-emotionalen Entwicklung. Um einen passenden Umgang damit zu erlernen, brauchen Kinder viele Modelle im Alltag und vor allem die einfühlsame Unterstützung von Eltern und pädagogischen Fachkräften.

1. Angst ist eine angeborene Emotion

Angst ist eine wichtige Emotion für unser Gefahrenwarnsystem, vor allem in den ersten Lebensjahren. Sie meldet sich bei einem Kind, wenn ihm jemand zu nahe kommt, ihm fremd erscheint, weil der- oder diejenige „falsch", das heißt ungewohnt riecht oder „nicht richtig" mit ihm spricht. Besonders ängstigend sind von ihm als falsch empfundene Berührungen. Auf Angst kann kein Kind verzichten. Sie ist eine extrem wichtige Emotion, hoch sensibel eingestellt, damit wir in bedrohlich wirkenden Situationen möglichst aufmerksam werden, im richtigen Moment genau hinsehen und hellhörig sind, um schnell reagieren zu können. Angst ist eine angeborene Emotion, mit der wir, je nach Alter, Charakter und Lebenserfahrung, höchst unterschiedlich umgehen. Anfangs ist der Umgang mit Angst besonders schwierig, denn Säuglinge können noch nicht vor Angstmachendem fliehen, der ängstigenden Situation noch nicht entkommen, sie können nur lauthals schreien, damit ihnen jemand hoffentlich Vertrautes zu Hilfe kommt.

Angst gehört neben Gefühlen wie Wut, Neid, Ekel oder Eifersucht zu den gesellschaftlich wenig beliebten „Pfui-Gefühlen". Das sind Gefühle, die Kinder wie Erwachsene eher als unangenehm empfinden. Gefühle, die man daher oft versucht möglichst schnell aus der Welt zu schaffen oder die man in späteren Jahren erst gar nicht nach außen sichtbar werden lässt, also maskiert. Auf der anderen Seite stehen die „Hui-Gefühle" wie Freude, Überraschung oder Mitgefühl, die in der sozialen Gruppe gerne gesehen und akzeptiert werden. Alle Gefühle aber, und das gilt auch für die Angst, haben einen biologischen Sinn, das heißt, sie haben sich im Laufe der Evolution beim Menschen als Antriebsmotoren entwickelt, um aktiv zu werden, Gefahren abzuwenden und die Gruppe zusammenzuhalten.

2. Körperliche Reaktionen bei Angst

Das Gefühl Angst aktiviert unseren Körper bei drohender Gefahr, damit wir besser reagieren können. Dies geschieht blitzschnell, wenn unsere Wahrnehmung etwas registriert, was uns fremd und bedrohlich erscheint. Wird unsere Aufmerksamkeit erhöht, schlägt die Großhirnrinde Alarm und schickt eine Botschaft an das limbische System, das für unsere Gefühle zuständig ist. Dieses wiederum löst in der Nebenniere die Ausschüttung von zahlreichen Stresshormonen wie Adrenalin, Cortisol und Noradrenalin aus, das sogenannte sympathische Nervensystem springt an und bewirkt, dass sich Herzschlag und Blutdruck erhöhen, die Atmung schneller wird und sich damit auch die Sauerstoffversorgung erhöht. Die Pupillen weiten sich, um visuell mehr und schneller erfassen zu können, und auch die Muskeln, die man ggf. zur Flucht benötigt, werden besser durchblutet. Der ganze Körper wird über verschiedene Schaltkreise in die Lage versetzt, zu kämpfen oder zu fliehen – oder aber regungslos zu verharren, um dadurch möglicherweise nicht wahrgenommen zu werden. Innerlich empfinden wir in allen Fällen eine starke Anspannung.

> Angst ist ein wichtiger und sinnvoller Bestandteil unseres Lebens.

Wenn das Gefühl der Bedrohung nachlässt, führt das parasympathische Regulationssystem dazu, dass die Körperfunktionen wieder auf ein normales Maß zurückgesetzt werden, innerlich flaut unsere Angst ab. Danach fühlt man sich meistens erschöpft, da der Körper unter Hochspannung gestanden hat – und zwar von 0 auf 100. Zwar drohen uns heutzutage, zumindest in der westlichen Welt, weit weniger Gefahren als in frühen Zeiten der Menschheitsgeschichte, in denen sich das System der Gefühle entwickelt hat, aber auch heute noch sorgt eine spontan einsetzende Angstreaktion dafür, dass wir uns schnell vor einem heranfliegenden Stein ducken oder vor einem heranpreschenden Fahrzeug zurückspringen.

3. Angstfreiheit ist kein Ziel

Angst ist ein wichtiger und sinnvoller Bestandteil unseres Lebens und sollte die gleiche positive Aufmerksamkeit in Gesprächen mit Kindern bekommen wie andere Gefühle, die uns vielleicht sympathischer und leichter begleitbar erscheinen. Gefühle wie Angst und Wut fordern uns heraus, aber es ist unsere Aufgabe als Erwachsene, Kindern den Umgang mit diesen Gefühlen zu vermitteln – als positives Vorbild oder anfänglich als Regulationshilfe – und sie später dabei zu unterstützen, ihre eigenen emotionalen Regulationsfähigkeiten zu entwickeln.

„Siehst du, gleich hast du es geschafft!"

Kindliche Ängste sind ein wichtiger Teil der normalen sozio-emotionalen Entwicklung, aber um einen passenden Umgang damit zu erlernen, brauchen Kinder viele Modelle im Alltag und vor allem die Unterstützung ihrer Bezugspersonen. Angstgefühle sind für Kinder bedrohlicher als für Erwachsene, denn sie haben noch zu wenig Erfahrung im Umgang mit Ängsten und deren Bewältigung. Sie können ihre Gefühle noch nicht so gut verdrängen oder kontrollieren wie Erwachsene, weil ihnen noch zu wenig Coping-Strategien zur Verfügung stehen. Aufgrund noch unzureichender Eigenkontrolle sind sie ihren Emotionen oft schutzlos ausgeliefert. Dass Kinder ihre Ängste nicht so gut maskieren können wie wir Erwachsenen hat aber den Vorteil, dass wir Kindern leichter ansehen können, was sie fühlen, und damit eine bessere Möglichkeit haben, auf ihre Freude, aber auch auf ihre Angst zu reagieren und sie emotional passend zu begleiten.

> Eine angstfreie Kindheit gibt es nicht.

Eine angstfreie Kindheit gibt es nicht (vgl. Römer 2017). Dies wäre auch nicht sinnvoll, denn Angst warnt uns vor zu riskanten Schritten, vor Unbekanntem, von uns nicht Einschätzbarem. Es darf von elterlicher und pädagogischer Seite also nicht darum gehen, ein Kind vor allen Ängsten zu bewahren, sondern ihm die Chance zu geben, mit seinen Ängsten konstruktiv umzugehen, das heißt, sie bewältigen zu lernen. Sonst wäre es den erwachsenen Bezugspersonen hilflos ausgeliefert und würde beim Weiterwachsen, Weiterdenken, Weitergehen durch sie blockiert werden.

„Mut ist, wenn du mit der Angst tanzt" (Songtext „Mut", Alexa Feser 2018). Kinder müssen gefährliche Situationen in verschiedenen Kontexten kennenlernen, nicht unbedingt am eigenen Leib erfahren, aber vielleicht vorab kindgemäß erklärt bekommen (vgl. Römer 2017). Kindern die Alltäglichkeit und Normalität von Angst, ihre Wichtigkeit und Funktionalität deutlich zu machen, ist wichtig, aber nicht ganz einfach. Die Schwierigkeit spürt man, wenn man als Erwachsene*r einem Kind zu erklären versucht, dass es vor etwas Anstehendem keine Angst haben muss.

Die Lust an der Angst

Ein gewisses Maß an Angst kann durchaus lustvoll sein und Spaß machen (vgl. Kruska/Streeck-Fischer 2017). Balint (1959) spricht davon, dass Angst bis zu einem gewissen Grad angenehm ist, als prickelnd erlebt und deshalb gesucht wird. Angst aktiviert uns und bringt uns zum schnellen Nachdenken. Kinder suchen gezielt nach Angstsituationen. Dabei geht es um Mutproben, darum, sich so zu verstecken, dass niemand einen findet, obwohl man natürlich irgendwann gefunden werden will. Beim Fangenspielen geht es darum, dem/der Fangenden zu entkommen, was mindestens so aufregend ist, wie jemanden selbst fangen zu können. Schon die Kleinsten verstehen, was beim Fangenspielen der Anschlagpunkt, der sogenannte Safe Place (das „Aus") ist. Die Kinder genießen die prickelnde Angst, ob sie den Safe Place auch schnell genug erreichen. In manchen Situationen überlisten sie sich bewusst selbst, indem sie die sie ängstigende Situation dennoch wählen, um vielleicht heute genussvoll zu siegen, das heißt, offensichtlich ihre Angst überwunden zu haben, nun stärker als die eigene Angst zu sein. Eine solche Hürde genommen zu haben, ist ein großes Erfolgserlebnis.

Wenn wir etwas Verbotenes tun, was uns oft lockt, haben die meisten Menschen – altersunabhängig – Angst dabei. Angst, überrascht und entlarvt zu werden. Dabei konkurrieren Neugier und die Angst, bewusst eine Regel zu brechen oder ein Verbot zu überschreiten, miteinander. Wir haben hierbei einen inneren „Höchstwertdurchlass", der entscheidet, ob der Reiz, etwas Verbotenes zu tun, größer, kleiner oder gleich groß ist wie die Angst, dabei entdeckt zu werden.

4. Typische Kinderängste

Es gibt typische Kinderängste, die an bestimmte Entwicklungsphasen gebunden sind. Verlassenheits- und Trennungsängste zeigen sich beispielsweise besonders stark im 2. und 3. Lebensjahr, wenn sich eine Bindung an die wichtigsten Bezugspersonen entwickelt hat. Die Angst vor der Dunkelheit ist im Alter zwischen 4 und 7 besonders ausgeprägt – eine Altersspanne, in der die Kinder meist eine lebhafte Fantasie haben, aber auch schon begreifen, dass bestimmte Gefahren real existieren können und nicht nur in ihrer Vorstellung. Wenn pädagogische Fachkräfte diese entwicklungsbedingten Kinderängste kennen und wissen, wie sie darauf zu reagieren haben, können sie den Kindern helfen, mit ihren Ängsten konstruktiv umzugehen und an deren Bewältigung zu wachsen. Nach erfolgreicher Bewältigung sagen Kinder dann z. B.: „Kannst du dir vorstellen, dass ich früher Angst vor Regenschirmen hatte?"

Die meisten Ängste sind normal

Viele Kinderängste sind entwicklungsbedingt und Anzeichen einer gesunden psychischen Reifung. Bewältigte Ängste lassen den kindlichen Explorationsradius und damit die Entfernung vom familiären bzw. häuslichen Milieu altersangemessen größer werden (vgl. Römer 2017). Diese gesunde Form der Angst beinhaltet den Auftrag, sich ihr aktiv zu stellen und sie durch von Überwindung geprägte Erfolgserlebnisse abzubauen. Gut bewältigte Angstsituationen sind altersgemäße „Haus- und Außer-Haus-Aufgaben", die jedes Kind in den Fächern „Alltagstauglichkeit und Lebensbewältigung" weiterbringen. Sich nicht nur mit bereits bekannten Gegenständen und Situationen zu beschäftigen, sich nicht nur in vertrauten Bereichen aufzuhalten, sondern bewusst weiterzugehen, auf neuen Wegen, wo es umtriebiger ist, aber auch mehr zu erleben gibt.

Ein gewisses Maß an Angst kann durchaus lustvoll sein.

Bei dieser Suche nach neuen Reizen geht es auch um Frustrationstoleranz, um die Dosierung dessen, was ich ertrage, und um die Frage, ob noch mehr geht. Die Wucht dieses Erfahren-Wollens ist individuell höchst unterschiedlich. Die Eigenmotivation ist ausschlaggebend dafür, ob ich mich auf etwas Neues einlasse. Bei einigen Kindern dauert es recht lange, bis sie Erfahrung mit der belohnenden Funktionslust machen wollen – getragen von dem Wunsch, immer besser zu werden, dies auch im Vergleich mit den anderen Kindern bestätigt zu sehen und es genießen zu können. Zwei protokollierte Kinderzitate aus unseren Beobachtungen: „Ich merke, ich wachse!" und „Es wird besser mit mir". Mit der Angst umzugehen, kann durch Bezugspersonen erleichtert werden, denn die Reaktionen der Erwachsenen auf vom Kind gezeigte Angstgefühle helfen ihm, diese Gefühle und Gedanken richtig einzuordnen. Etwa so: „Klar geht deine Mama jetzt zur Arbeit, aber wir sind alle da und Moritz wartet schon im Baubereich auf dich!"

5. Angststörungen

So sehr Ängste auch zur Entwicklung und Gestaltung unserer Persönlichkeit dazugehören, so besorgniserregend können übersteigerte Ängste den Entwicklungsverlauf hemmen oder vielfältig beeinflussen. Dabei fungiert kindliche Angst oftmals als Symptom eines innerseelischen Konfliktes des Kindes: Erlebt z. B. die 3-jährige Ina, die sich beim morgendlichen Betreten des Kindergartens von ihrer Mutter verabschieden soll, immer noch Panikattacken, welche trotz feinfühliger Eingewöhnungszeit nicht abebben, oder ist beim 4-jährigen Jens wiederkehrendes Unglücklichsein, verbunden mit Weinen oder Wut, zu beobachten, so wird von Symptomen einer zugrunde liegenden Verunsicherung gesprochen, die es zu erkennen und zu behandeln gilt. Diese speziellen Ängste sind meist untypisch für das jeweilige Entwicklungsalter und führen zu einem erheblichen Leidensdruck, der das Befinden und Erfahrungsmöglichkeiten des Kindes stark und anhaltend beeinträchtigt, was wiederum den Entwicklungsverlauf erheblich behindern kann (vgl. Schuck/Schneider 2017). In solchen Fällen ist es notwendig, die Eltern zu ermutigen, psychologische Beratung einzuholen. Bei Kinderärzt*innen, in psychologischen Beratungsstellen, aber auch in Beratungsstellen mit heilpädagogischer Frühförderung gibt es die Möglichkeit, den Entwicklungsstand des

REGELN IM UMGANG MIT KINDERÄNGSTEN

Es gibt ein paar allgemeine Regeln, die man als Bezugsperson im Umgang mit kindlichen Ängsten beachten sollte (vgl. Römer 2014):

- Kinder sollten alle Gefühle, auch Angst, frei äußern dürfen. Dies ist auch wichtig, damit sie im Laufe ihrer Kindheit einen umfassenden Gefühlskatalog – aktiv und passiv erlebt – entwickeln können.
- Angstäußerungen sollten immer ernst genommen werden, das heißt, man sollte die kindliche Angst nicht herunterspielen, da sie eine subjektiv zutreffende Wahrnehmung darstellt. Ebenso wichtig ist es, die Angst nicht zu dramatisieren.
- Verständnis und Mitgefühl sollten in allen Angstsituationen von Eltern und pädagogischen Fachkräften gezeigt werden, aber ohne dabei mitzuleiden. Dem Kind muss vermittelt werden, dass es normal ist, Ängste zu haben, dass auch Sie selbst und auch die anderen Kinder manchmal Angst haben.

Kindes umfassend zu überprüfen und etwaige Entwicklungsverzögerungen wie auch beginnende Angststörungen zu erkennen und zu behandeln. Manchmal genügt es, wenn Eltern für sich selbst Rat einholen, wie sie das Kind am besten begleiten können.

Ängste von Kindern gehen oftmals mit familiär belastenden Erfahrungen wie Krankheit, Unfällen oder psychischer Belastung der Eltern einher. Daher ist die Aufmerksamkeit der pädagogischen Fachkraft hinsichtlich Verhaltensweisen der Kinder, die auf übersteigerte Ängste hinweisen, bedeutsam. Hemmt sich das Kind selbst durch permanentes Grübeln, auch beim Spielen oder bei der Kontaktaufnahme mit anderen Kindern? Macht es sich übermäßige, für Kinder eher untypische Sorgen? Versucht es, perfektionistisch zu agieren, mit dem zwanghaften Wunsch, ja nichts falsch zu machen, damit keine Situation auftaucht, die ihm nicht kontrollierbar erscheint und ihm dadurch Angst macht? Diese Kinder machen sich häufig erwachsenentypische Sorgen um Gesundheit, die finanzielle Situation der Familie, aber auch um Naturkatastrophen. Sie tendieren oft zu einer pedantischen Pünktlichkeit (vgl. Kruska/Streeck-Fischer 2017). Manche neigen zu „katastrophisierendem Denken“, indem sie – ganz selbstverständlich – vom Eintreffen negativer Ereignisse ausgehen: „Sicher wird es beim Kita-Ausflug regnen, im Wald wird es glatt, ein Kind bricht sich das Bein und dann gibt es kein Lagerfeuer!“

> Übersteigerte Ängste können den Entwicklungsverlauf hemmen.

Manchmal ist die Angststörung auch an ein bestimmtes Objekt gekoppelt und löst bei Konfrontation heftige Angstanfälle aus. Diese zwanghafte Form der Angst nennt sich Phobie. Typische Phobien sind die Angst vor engen Räumen (Klaustrophobie), Höhenangst und soziale Phobien, bei denen die Furcht besteht, im Zentrum der Aufmerksamkeit zu stehen.

Vermeidungsstrategien

Typisch und bei diesen Kindern häufig beobachtbar sind bewusste Vermeidungsstrategien vor angstauslösenden Situationen. Ein 4-jähriger Junge konnte über Monate hinweg nicht mehr durch eine bestimmte Tür ins Außengelände gehen, da er zuvor an dieser Türschwelle gestolpert und hingefallen war. Erst beim engagierten spielerischen Verfolgen eines anderen Jungen rannte er spontan „versehentlich“ durch diese angstbesetzte Tür und musste – nach Bemerken der „gefährlichen“ Situation, in die er sich gebracht hatte – minutenlang von der Fachkraft und den herbeieilenden Kindern wieder beruhigt werden. Derartige Vermeidungsstrategien können zur Folge haben, dass betroffene Kinder versuchen, diese ihnen gefährlich erscheinenden Aktionen oder Situationen möglichst zu vermeiden, auch wenn dies mit erheblichen Spieleinschränkungen einhergehen kann. Die Konsequenz: Sie haben dadurch weniger Möglichkeiten und zum Teil massive Einschränkungen, Entwicklungsaufgaben zeitgerecht in Angriff zu nehmen und so ihre Fortschritte und zunehmende Angstunabhängigkeit wahrzunehmen. Friedrich und Friebel (2011) betonen, dass in derartigen Situationen angstbedingter Verweigerung ein wichtiges Übungsfeld und dadurch die Chance auf erweiterte Erfahrungen zur verbesserten Selbsteinschätzung ungenutzt bleiben. Unrealistische Selbsteinschätzungen können sich etablieren. Mögliche Folgen: Diese Kinder über- oder unterschätzen sich, sie über- oder unterfordern sich – beides Situationen, in denen echte Lernerfolge eher gering sein werden.

Wenn Fachkräften derartige Verhaltensweisen eines Kindes gehäuft auffallen, sollten sie mit den Eltern ins Gespräch kommen und ihre Beobachtungen mitteilen. Es reicht der Hinweis, dass eine medizinisch-psychologische Abklärung Sicherheit bringen könnte. Es ist dabei nicht der Auftrag der Kita, die Eltern auf mögliche Diagnosen hinzuweisen, im Gegenteil: Dies wird von den Eltern zu Recht als grenzüberschreitend erlebt und verstärkt eher den bereits vorhandenen Widerstand gegen eine diagnostisch fundierte Abklärung. Stattdessen sollten die Eltern ermutigt werden, sich professionellen Rat zu holen. Dabei gilt auch im psychologischen Bereich, dass der Kinderarzt bzw. die Kinderärztin, der/die das Kind gut kennt, die erste Anlaufstelle ist. Kinderärzt*innen sind meist in gutem Kontakt mit den Kinder- und Jugendpsychiater*innen, mit dem nahe gelegenen sozialpädiatrischen Zentrum oder einem/einer kompetenten Kinder- und Jugendpsychotherapeut*in und werden eine Überweisung veranlassen.

Am Ende der nachfolgenden Kapitel über verschiedene Angststörungsformen werden Sie zu Ihrer Orientierung – jedoch keinesfalls zur eigenen Diagnosestellung! – die aufgeführten Ängste dem ICD-10-Code (englisch: International Statistical Classification of Diseases and Related Health Problems) zugeordnet finden. Dieser Code ist ein Klassifikationssystem für medizinische Diagnosen, anhand derer psychotherapeutische Behandlungen ausgerichtet werden. Der bis heute gültige Code wurde 2016 von der Weltgesundheitsorganisation herausgegeben, eine neue Version ICD-11 tritt 2022 in Kraft.

II

Trennungsangst

Kleine Kinder sind darauf angewiesen, dass sich verlässliche Bezugspersonen um sie kümmern und ihre Bedürfnisse feinfühlig beantworten. Trennungsangst ist daher etwas ganz Natürliches. Ein gutes Eingewöhnungskonzept in der Kita kann diese Angst verringern helfen.

1. Eine überlebenswichtige Angst

Jedes Kind ist darauf angewiesen, dass es von seinen Eltern und weiteren Bezugspersonen geschützt, ernährt und angesprochen wird, um so Schritt für Schritt in seine Lebenswelt eingeführt zu werden, mit dem Ziel, immer vertrauter damit und selbstständiger zu werden.

Ohne Angst würden wir nicht überleben. Schon im Mutterleib ermöglicht der reifende Gleichgewichtssinn dem Kind, die Bewegungsrhythmen seiner Mutter und deren Veränderungen kennenzulernen. „Mit dem Reifen des Gehörs wird die Stimme der Mutter vertraut, mit dem Reifen des Geschmacksinns der besondere Geschmack ihres Fruchtwassers und damit auch ihrer Haut“ (Grossmann 2017, S. 51). Alles Sinnesorgane, die dem Kind auch nach der Geburt das vertraute Gefühl der Sicherheit und Geborgenheit geben. Grossmann sieht hier den Start des Bindungsgeschehens. Entwicklungsforscher*innen sprechen von einer überlebenswichtigen genetischen Disposition des Kindes, Angst vor einer Trennung vom schützenden, fürsorglich handelnden Elternteil mit auf die Welt gebracht zu haben.

> Die Angst vor der Trennung vom schützenden, fürsorglichen Elternteil ist angeboren.

Jedes Baby, das auf die Welt kommt, hat neben Hunger, Durst, Schlafbedürfnis, Spielbereitschaft und anderen Antrieben auch ein angeborenes Kontaktbedürfnis. Wenn es keine Anwesenheitssignale eines anderen Menschen empfängt, das heißt die körperliche Nähe seiner Mutter, seines Vaters oder einer anderen nahen Bezugsperson spürt, deren Geruch wahrnimmt, deren Stimme hört, treibt die angeborene Kontaktbereitschaft den Säugling an, den verloren gegangenen Kontakt zur Bezugsperson wieder herzustellen. Dies äußert sich vor allem durch Weinen und Schreien und beim etwas älteren Kind in aktivem Suchen oder verbalem Protestieren. Die subjektive Begleitempfindung der Kontaktbereitschaft ist die sogenannte Verlassenheitsangst oder Trennungsangst. Sie hat ihren biologischen Sinn darin, den für das Kind überlebensnotwendigen Kontakt zu seiner sicheren Basis wiederherzustellen. In den ersten 6 Lebenswochen ist die Person, die das Kind beruhigen und damit sein Kontaktbedürfnis stillen kann, noch durchaus austauschbar; es können also auch ihm unbekannte Menschen diese Funktion erfüllen.

Vertrautwerden erfordert Regelmäßigkeit

Schon in den ersten Lebenswochen aktiviert ein Säugling alle Alarmzeichen, um die primären Bezugspersonen „bei Verlust“ möglichst schnell zurückzuholen. Erlebt ein Kind, dass immer wieder auch andere Personen auf seine Kontakt- oder Hilferufe passend reagieren, also ebenso fürsorglich und zugewandt handeln, gelingt es ihm, den Kreis seiner Bezugspersonen zu erweitern und dadurch seine Trennungsangst Stück für Stück zu vermindern. Das geschieht beispielsweise bei einer mitbetreuenden Kinderfrau, bei mitbetreuenden Großeltern, aber auch in einer außerfamiliären Zusatzbetreuung wie Krippe oder Kindertagespflege, wenn das Kind auf eine auf seine Bedürfnisse abgestimmte Eingewöhnung in einer zweiten Lebenswelt trifft.

Je vertrauter und voraussagbarer anfangs das Handling und der Tagesablauf sind, desto stressfreier wird er vom Kleinstkind bewältigt. Regelmäßige Abfolgen, die in späteren Kindheitsjahren eher als langweilig, als zu wenig herausfordernd empfunden werden, lassen im jungen Kind „Erwartungen“ entstehen, was als Nächstes mit ihm geschehen wird. So wird das Anstehende, die nahe Zukunft für das Kind voraussagbar, noch bevor es im 2. Lebensjahr die ersten Zeitbegriffe wie „erst/dann, später, nachher“ oder gar „morgen“ zu erfassen lernt (vgl. Grossmann 2017). Das Vertrautwerden mit einigen wenigen „neuen Personen“, mit verschiedenen Räumlichkeiten und variierenden Abläufen verläuft umso stabiler und angstfreier, je sicherer und auch wohler sich ein Kind mit seinen Bindungs- und vertrauten Bezugspersonen fühlt.

2. Entwicklung des Bindungsverhaltens

Im Laufe der Bindungsentwicklung (vgl. Bowlby 1969) verändert sich die Beliebigkeit dieser beruhigenden Personen. In den ersten 8 Lebensmonaten beginnt das Baby immer mehr, auf bekannte und unbekannte Menschen unterschiedlich zu reagieren. Seine Freundlichkeit und sein Lächeln richten sich zunehmend auf ganz bestimmte Menschen, die es häufig sieht, die sich um es kümmern und von denen es erfahren hat, dass sie seine Bedürfnisse zuverlässig stillen – seine Bindungspersonen.

Bereits mit 2 Monaten zeigen Babys milde Stressreaktionen, wenn sie mit unbekannten Personen alleingelassen werden; ihre Stirntemperatur verringert sich. Mit Beginn der Fremdelphase zwischen 6 und 8 Monaten kann ein Kind eindeutig die primären Bezugspersonen von unbekannten Menschen unterscheiden und reagiert mit Zurückhaltung, manchmal auch mit Furcht auf unbekannte Gesichter. Bei Säuglingen aus nichtwestlichen Kulturen, z. B. aus dörflichen Strukturen in Kamerun oder der Elfenbeinküste, die sehr früh im Dorf „herumgereicht“ werden, konnten dagegen entsprechende Fremdelreaktionen nicht beobachtet werden (vgl. Keller 2016).

Im Alter zwischen 8 und 24 Monaten ist eine eindeutige Bindung an wenige bekannte Bezugspersonen zu beobachten und die Kinder zeigen entsprechende Protestreaktionen und Trennungsängste, wenn ihre Bindungspersonen den Raum verlassen. Auf dieser typischen Reaktion basiert

UMGANG MIT TRENNUNGEN LERNEN?

Eine in der Entwicklungsforschung kontrovers diskutierte Frage lautet: Ist es sinnvoll, in der frühen Kindheit Trennungen so weit wie möglich zu vermeiden, oder gehört zu einem gesunden Aufwachsen, auch mit Trennungen und den hiermit verbundenen Unsicherheiten, manchmal auch Ängsten, zurechtzukommen? Was bedeutet es z. B. für ein Kleinstkind, einen Abend mit einem Babysitter zu verbringen? Dabei ist folgende Frage für den Erfolg relevant: Ist das Kind mit dem Babysitter schon tagsüber im Beisein von Mutter oder Vater bekannt geworden oder sieht es ihn am Abend zum ersten Mal oder wechselt sich sogar eine Gruppe verschiedener Babysitter ab, sodass das Kind immer wieder „gespannt sein kann", wer wohl heute kommt? Unvorhergesehene, unvorbereitete Trennungen und die Konfrontation mit unbekannten Menschen machen dem Kind Angst. Es ist kein Erziehungsziel, sich an Ängste zu gewöhnen. Was daraus resultiert, ist „erlernte Hilflosigkeit"; die Folge können massive Aggressionen aus Angst sein, die den verunsichernden Kontrollverlust „potent" tarnen sollen.

auch der sogenannte Fremde-Situation-Test, ein Verfahren, das in der Bindungsforschung eingesetzt wird, um zwischen verschiedenen Mustern der Bindungssicherheit differenzieren zu können. Die nun etablierte Bindung verschafft dem Kind die Sicherheit, von seinen Bezugspersonen als sicherer Basis aus seine Umgebung zu erforschen, aber auch – wenn das Kontaktbedürfnis zu stark wird – wie von einem unsichtbaren Band wieder zu seiner Bezugsperson zurückgezogen zu werden, um sein Kontaktbedürfnis zu stillen. In den unterschiedlichsten Kulturen weltweit ist die Häufigkeit und Intensität des Trennungsprotestes zu Beginn des 2. Lebensjahres am größten und nimmt danach wieder ab.

Bindung ist auch ein kulturelles Konstrukt

Kulturpsycholog*innen wie Heidi Keller (2016) weisen darauf hin, dass Bindung zwar ein universelles und lebenswichtiges Bedürfnis ist, aber gleichzeitig auch ein kulturelles Konstrukt. Das heißt, Bindung wird nach den jeweiligen Erfordernissen unterschiedlich definiert, entsteht zu unterschiedlich vielen Personen auf verschiedene Art und Weise. Ein einzigartiges emotionales Band, das das westliche Mittelschichtkind zu seiner Mutter entwickelt, ist beispielsweise einem Bauernkind aus Kamerun völlig fremd. „In vielen nicht-westlichen Dörfern haben Kinder in den ersten Lebensjahren bis zu 20 Bezugspersonen, von denen zuweilen manche wichtiger sind als andere oder aber auch völlig gleichwertig. (…) (Das Kind lernt), dass immer jemand aus seiner Umgebung achtgibt und sich kümmert. So wird kein personenspezifisches Band geknüpft, das Sicherheit in unsicheren Situationen vermitteln kann, sondern eher eine breitere situative Sicherheit und Vertrauen in die Umwelt erworben, die sowohl Kinder als auch Erwachsene umfasst" (Keller 2016, S. 8).

3. Wunsch nach Nähe und Distanz von Anfang an

Trennungsängste sind also etwas ganz Natürliches, und da ist es nicht verwunderlich, dass Säuglinge und Kleinstkinder, wenn sie allein schlafen sollen und nachts aufwachen, geängstigt sind und versuchen, den Kontakt zu ihren Bindungspersonen wieder herzustellen. Die Zeit nach dem 2. Geburtstag wird im 4-Phasen-Modell der Bindungsentwicklung als die „Phase gegenseitiger Beziehung" beschrieben, in der das Kind mobiler wird und mehr und mehr Zeit auch ohne seine Bezugspersonen verbringt. Zur Beruhigung reicht dann

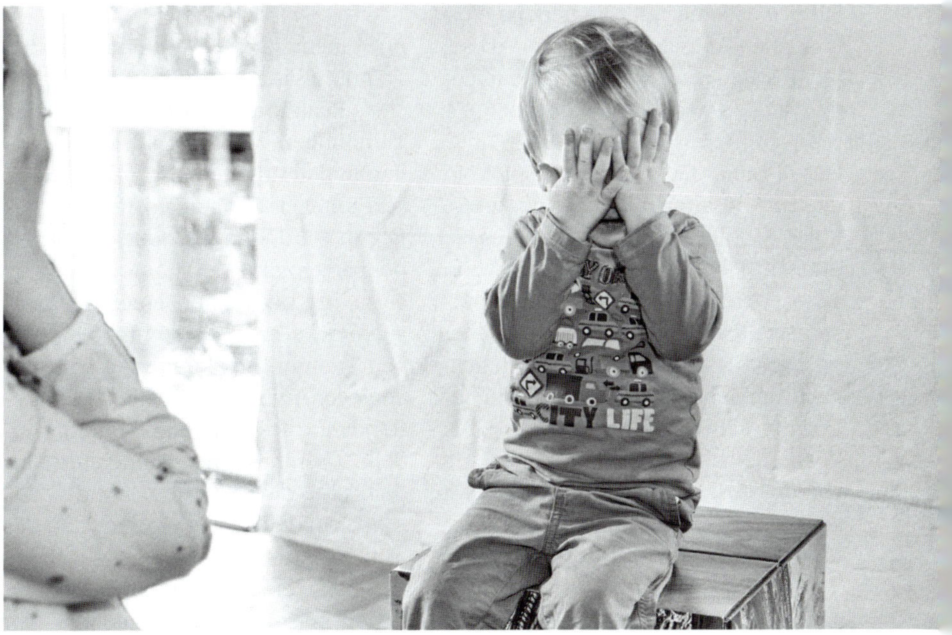

„Guck-guck-da!" Ein selbst regulierbares Spiel mit der Trennungsangst

oft bereits das Sehen oder Hören der Bezugsperson aus, unmittelbarer Körperkontakt ist dann nicht mehr immer nötig.

Der menschliche Säugling ist wie alle Primatensäuglinge ein Tragling, das heißt, er ist daran angepasst, seine frühe Kindheit in engem Kontakt zu seiner Bezugsperson zu verbringen (vgl. Kirkilionis 2013). Das bedeutet aber nicht, dass er nicht auch kurze Zeiten der Distanz erleben möchte. So beendet ein Baby Blick-Interaktionen mit Erwachsenen immer wieder auch durch absichtliches Wegschauen. Zu einem späteren Zeitpunkt kokettieren Kleinstkinder auch mit ihrer wachsenden Autonomie. Sie spielen mit der Trennung, indem sie zeitweilig verschwinden, um gleich darauf wieder aufzutauchen. „Guck-guck-da"-Spiele mit Händen oder Tüchern vor den Augen des Kindes erlangen ihren Reiz dadurch, dass das Kind die Kontrolle über die Spannungssituation behält und jederzeit seine Bezugsperson wieder sichtbar werden lassen kann. In gewünschter Dosierung kann es so mit aufkommenden Verlassenheitsängsten spielen und diese, wenn sie zu stark werden, eigeninitiativ wieder verschwinden lassen.

> Die erwachsene Bezugsperson gilt dem Kind als „sichere Basis".

Das Thema Eigeninitiative spielt in diesem Zusammenhang eine große Rolle. Mobile 1- bis 2-jährige Kinder, die selbst bestimmen können, wann sie wieder zurück zu ihrer Bezugsperson wollen, entfernen sich immer wieder für kurze Zeit absichtlich, auch um auszuloten, wie weit sie auf Distanz gehen und ihre Angst dabei noch aushalten können. Wenn sie spüren, dass es zu viel für sie wird, schauen sie – sich rückversichernd – erneut zu ihrer Bezugsperson oder nähern sich ihr körperlich wieder an. Auf diese Weise erfahren sie, dass Trennungsängste aushaltbar und bewältigbar sind, und wachsen daran. Diese Momente des gewählten Alleinseins dehnen sich im Laufe der Entwicklung zu immer längeren Phasen aus, in denen sich das Kind mit sich selbst gewinn- und spaßbringend beschäftigt. Es lernt, dass es auch gut sein kann, mal allein oder zumindest ohne die Bezugsperson zu sein. Ein wichtiger Aspekt für seine Persönlichkeitsentwicklung (vgl. Bensel 2009).

4. Neue Bezugspersonen in der Kita

Wiederholte frühkindliche Trennungen von den primären Bezugspersonen, ohne dass eine Ersatzbetreuung durch jemand erfolgt, den das Kind bereits gut kennt, haben physiologische und psychologische Folgen. Neben starken Kummerreaktionen, die bis hin zu depressiven Symptomen des Kindes führen können, kann es auch zu einer Erhöhung der Krankheitsanfälligkeit, verringertem Spiel, Ess-, Schlaf- und Verhaltensstörungen kommen. Deshalb bemüht man sich inzwischen, wenn die primären Bezugspersonen nicht zur Verfügung stehen, eine gute Ersatzbetreuung zu organisieren, die diese starken Trennungsängste verringern kann.

Zu einem großen Thema wurden Trennungsängste und weitere kindliche Reaktionen auf längerfristige Trennungen von den Bezugspersonen in der außerfamiliären Betreuung von unter 3-Jährigen. In den 1990er-Jahren wurden in der deutschen Krippenpädagogik Modelle der Eingewöhnung bei Beginn eines Krippenaufenthalts entwickelt, um den starken Trennungsreaktionen des Kindes entgegenzuwirken. Elementarer Bestandteil dieser Eingewöhnungsmodelle (Berliner oder Münchner Modell) ist die Elternbegleitung des Kindes in den ersten Wochen und der Aufbau einer neuen sicheren Basis, das heißt einer Sicherheit gebenden Bezugsperson außer Haus in Form einer vertrauten pädagogischen Fachkraft, die sich dem Kind voraussagbar und feinfühlig zuwendet, ihm hilft, wenn es Regulation braucht, und es tröstet (vgl. Haug-Schnabel/Bensel 2016). Auf diese Weise kann das Kleinstkind seine Verlassenheitsängste abbauen, die Trennung bewältigen und Krippe oder Kindergarten als Ort erleben, an dem es viel Neues und Spannendes zu entdecken gibt.

Gute Eingewöhnungskonzepte reduzieren Ängste

Was kennzeichnet ein gutes Eingewöhnungskonzept? Zuallererst: Nicht den Blick auf den Kalender zu richten, sondern individuell auf das Kind und auf das Verhalten der Eltern zu schauen. Aber: Man kann auch zu lange eingewöhnen und dadurch das Kind verunsichern, nach dem Motto: „Bisher find ich's ja ganz gut, aber irgendwo muss doch der Haken sein!" Unvorhergesehene Trennungen machen Angst, auch der abgebende Elternteil signalisiert in diesen Situationen Unsicherheit. Das Kind spürt, dass er überlegt, wie es mit der so nicht geplanten Situation klarkommen wird und ob es ihm, dem Elternteil, gelingen wird, das Kind zu beruhigen, bevor er es der Fachkraft übergeben wird und das Kind verlassen muss.

Im 2. Lebensjahr führen begleitete, behutsame Trennungen beim Kind zu der Vorhersage und Zuversicht, dass es auch diese Trennung in der außerfamiliären Betreuung meistern kann. Dass ein ähnlicher Prozess auch in der Vorstellung des Kindes abläuft, sieht man an der von ihm geäußerten Rückerinnerung: In Einrichtungen ist häufig zu beobachten, dass Kinder, die erst vor relativ kurzer Zeit eingewöhnt worden sind, die Fachkraft fragen: „Seit wann weine ich eigentlich nicht mehr?" Auch wenn später Vielfalt und Variationen den Kita-Alltag spannend und abwechslungsreich machen, sind anfangs voraussagbare Strukturen wichtig, die vom Kind nachvollziehbar gehandhabt werden können und die es in seinem Ablauf wiedererkennt.

ERSTE TRENNUNGEN VON DEN ELTERN – REFLEXIONSFRAGEN FÜR KITA-TEAMS

- Darf ein Kind überhaupt seine Trennungsangst zeigen?
- Darf ein Kind auch Wut über die ihm zugemutete Trennung zeigen?
- Erwarten wir das Annehmen unserer Kontaktangebote?
- Wird ein Kind für seine „aggressiv" gezeigte Ablehnung unserer Kontaktangebote „bestraft"? (Hierzu gehört auch die stille Bestrafung wie z. B. das bewusste Ignorieren des Kindes, nach dem Motto: Ich höre/sehe dich nicht, solange du dich so verhältst.)
- Erkennen wir die feinen Signale versteckter oder maskierter Angst?

Wie sieht es dabei mit der Verweildauer von Elternteil plus Kind während der Eingewöhnung und dem ersten Verbleiben des Kindes ohne Eltern in der Einrichtung aus? Nach den bewusst gewählten kurzen Phasen der anfänglichen Präsenz in der Kita hat sich das Verfahren bewährt, das Kind morgens abzugeben und dann schrittweise

1. vor dem Mittagessen abzuholen,
2. nach dem Mittagessen abzuholen, also noch vor dem Schlafen,
3. das Kind in der Einrichtung auch schlafen zu lassen und so den anvisierten Ganztag vorzubereiten.

„In unserer Kultur gehört es zum gesunden Aufwachsen, den Umgang mit Trennungen zu lernen" (Grossmann 2017, S. 52). Die Erfahrung „Mama geht" geht irgendwann mit der Erfahrung einher: „Aber Sabrina bleibt und ist nett zu mir, sie spielt mit mir und dann sind da ja noch andere Kinder." In Deutschland – wie in einigen anderen westeuropäischen Ländern auch – müssen wir uns klarmachen, dass es ein sehr seltenes Kulturphänomen ist, dass nur eine bzw. maximal zwei Personen an der Aufzucht eines Säuglings beteiligt, also für ein Kind zuständig sind. Großfamilien unterschiedlichster Art, das heißt mehrere Generationen unter einem Dach, sind global gesehen weitaus häufiger.

5. Trennungsängste sind unterschiedlich stark

Die sichtbaren Trennungsreaktionen und die unsichtbaren Trennungsängste sind bei den Kindern in durchaus unterschiedlicher Intensität vorhanden. Emotional verletzliche oder sozial schüchterne Kinder brauchen mehr Zeit, um sich in der ungewohnten Umgebung mit der neuen Bezugsperson und den noch unbekannten anderen Kindern wohl und sicher zu fühlen. Kinder mit einem eher aktiven Naturell, die offen auf Neues und andere Menschen zugehen können, tun sich hier leichter, auch weil sie sich durch das Angebot an Gleichaltrigen, an neuen spannenden Erfahrungen leichter ablenken und „einfangen" lassen. Zudem zeigen dieselben Kinder an manchen Tagen vielleicht mehr Trennungsängste als üblich, da ihr Bindungssystem durch besondere Umstände stärker aktiviert ist. Vielleicht gibt es gerade Turbulenzen in der Familie durch ein neugeborenes Geschwisterkind, das Kind hat Angst, etwas zu verpassen, wenn es nicht zu Hause bleibt, oder es fühlt sich nicht wohl, weil es krank wird. An solchen Tagen braucht es seine sichere Basis zu Hause und in der Kita mehr als sonst, was die pädagogischen Fachkräfte achtsam wahrnehmen und beantworten sollten. Kranke Kinder sollten wegen der Ansteckungsgefahr sowieso nicht in der Kita betreut werden, aber sie sollten auch deshalb vorzugsweise in der Familie betreut werden, weil ihr Kontaktbedürfnis außergewöhnlich hoch ist und oft nur durch die Gegenwart ihrer primären Bindungspersonen gestillt werden kann. Ansonsten sind sie nicht nur krank in der Kita, sondern fühlen sich auch noch verlassen, was auch den Gesundungsprozess deutlich verzögern kann.

Natürlich spielt bei der Eingewöhnung auch der begleitende Elternteil eine große Rolle, denn Ängste der abgebenden Mutter oder des Vaters können sich leicht auf das Kind übertragen. So ist es manchmal die größere Aufgabe, die Eltern einzugewöhnen und deren Ängste zu beschwichtigen als die ihrer Kinder. Die Wichtigkeit der Zusammenarbeit mit den Eltern in der Zeit des Krippenstarts muss unterstrichen werden, weil die Trennungsangst der abgebenden Eltern entscheidend ist für die Trennungsreaktion des Kindes und auch für sein Verhalten und Wohlbefinden in der Einrichtung, wenn die Eltern nicht mehr dabei sind. Sie sind diejenigen, die durch die Mitgestaltung der Eingewöhnungsphase und ihr inneres Einverständnis mit der Trennung ihrem Kind einen sicheren Einstieg in die neue Betreuungssituation ermöglichen können oder eben nicht. Gerade ängstliche Eltern brauchen deshalb ganz besonders viel Rückhalt und Unterstützung durch die pädagogischen Fachkräfte.

> Eine sensible Eingewöhnung kann dem Kind seine Verlustängste nehmen.

Eine vertraute Bezugsperson gibt Sicherheit

6. Das innere Arbeitsmodell des Kindes

Für ein Kita-Team und den professionellen Umgang mit Kind und Familie ist es wichtig, zu wissen, dass es „Vorgeschichten" geben kann, die in der herausfordernden Situation der Eingewöhnung zutage kommen. Verschiedene Formen unsicherer Bindung, vor allem unsicher-ambivalente und unsicher-vermeidende Bindungen, fallen in dieser Zeit meist auf. Diese stehen in Zusammenhang mit Unzuverlässigkeit in der Reaktionsbereitschaft der familiären Bindungspersonen, was beim Betreuungsstart des Kindes zu großen Ängsten führen kann (vgl. Grossmann 2017). Schon allein der Versuch, von irgendwoher Hilfe zu bekommen, klappt nicht, da dem Kind das Zutrauen für diesen Schritt bereits fehlt. Es erwartet weder von seinen Bindungspersonen noch von den sich ihm neu anbietenden Bezugspersonen Rettung. Es hat zu oft die Erfahrung gemacht, irgendwie allein klarkommen zu müssen, und geht davon aus, keine für seine Situation passende oder gar eine beruhigende Antwort zu bekommen, auch wenn das wichtig wäre. Es hat gelernt: Wenn es darauf ankommt, bin ich allein.

Das innere Arbeitsmodell (Bindungsrepräsentation), mit dem ein Kind in die Kita kommt, spielt also eine wichtige Rolle. So zeigen sich z. B. Kinder, die sicher gebunden sind, am Anfang durchaus noch etwas zurückhaltend, beziehen sich noch sehr stark auf den begleitenden Elternteil und wenden sich nicht sofort an die neue Bezugsperson in der Einrichtung. Sie kennen ja ihre verlässliche sichere Basis von zu Hause und sehen erst mal keinen Anlass, sich auf eine neue einzulassen. Sie geben aber dann, wenn die neue Bezugsperson spielerischen und fürsorglichen Kontakt mit ihnen sucht, ihr durchaus eine Chance, sich als verlässlich zu erweisen. Kinder dagegen, die mit einer unsicher-vermeidenden Bindung in der Kita starten, wirken zunächst häufig unproblematisch, da sie sofort ins Spiel mit der Fachkraft gehen oder sich auch allein beschäftigen, denn sie sind es ja bereits von zu Hause gewohnt, allein zurechtkommen zu müssen. Diese scheinbare Souveränität oder Pseudoautonomie ist jedoch nur aufgesetzt und kostet das Kind innerlich viel Kraft, da sein inneres Arbeitsmodell tatsächlich von Unsicherheit geprägt ist, denn es kann sich seiner Bindungspersonen nicht als sicherheitsgebender Basis bedienen. Dies spiegelt sich auch in erhöhten Stresshormonwerten (Cortisol) wider, die über den Werten der sicher gebundenen Kinder liegen. Bei diesen Kindern ist häufig zu beobachten, dass ihre Kraftreserven nur einige Wochen reichen und 6–8 Wochen nach Kitastart plötzlich ein Einbruch erfolgt, sie auf einmal belastet wirken und nicht mehr in der Lage sind, die Kita als Spiel- und Entdeckungsraum zu nutzen. Die Stress- und Bindungsforschung gibt hier wichtige Hinweise für die eingewöhnenden Fachkräfte, diesen Kindern genügend Aufmerksamkeit zu schenken, auch wenn sie – zumindest anfänglich – autonom und unbekümmert wirken. Es ist also nicht sinnvoll, die Eingewöhnungszeit für Kinder, die wenig Trennungsleid zeigen, zu verkürzen (vgl. Bensel et al. 2018).

Eine gelungene Eingewöhnung beim Kitastart ermöglicht dem Kind den erfolgreichen Umgang mit einer herausfordernden und stressenden Übergangssituation. Die Bewältigung und der eigenaktive Anteil des Kindes, indem es z. B. durch seine nonverbalen Signale mitbestimmt, wie lange es die Mutter oder den Vater noch braucht, wie lange die Eingewöhnung in Elternbegleitung dauern soll, stärken sein Selbstwirksamkeitsgefühl und erhöhen die Wahrscheinlichkeit, dass bei künftigen Übergängen in den Kindergarten und die Grundschule die Transition aufgrund positiv verbuchter Erfahrungen ebenfalls gut bewältigt werden kann. Trennungsangst gehört zu einem Übergang dazu und kann für das Kind ein Entwicklungsstimulus sein oder ein Minitrauma bedeuten. Gerade bei der Eingewöhnung liegen „Vorfreude und Angst" oft nahe beieinander. Ein weiterer Grund, weshalb jedem Kind seitens der Fachkräfte sein individueller Kompetenzzuwachs in vielen für die kindliche Entwicklung wichtigen Bereichen zurückgespiegelt werden sollte.

7. Wenn die Angst behandlungsbedürftig ist

Manchen Kindern fällt die Trennung von den Eltern beim morgendlichen Kitastart trotz feinfühliger Eingewöhnungszeit weiterhin enorm schwer. Ihre Angstgefühle beim Abschied nehmen nicht mit der Zeit ab, sondern bleiben sehr lange massiv bestehen oder äußern sich in Panikattacken. Oftmals liegt hier eine konstitutionell bedingte erhöhte Ängstlichkeit vor, die meist auch bei mindestens einem Elternteil zu finden ist oder war. Bei psychisch belasteten Eltern erleben pädagogische Fachkräfte, dass diese eigene Ängste unbewusst dem Kind mit auf den Weg in die Autonomie und somit auch in die außerfamiliäre Zusatzbetreuung geben. Eine Mutter, die als Kleinkind große Verlassenheitsängste erlitten hat, kann die Trennung beim täglichen Kitastart durchaus selbst als bedrohlich erleben und diese Gefühle unbewusst an ihr Kind „delegieren". Es ist für Fachkräfte ratsam, hier sehr behutsam mit dem familiären Thema „Angst" umzugehen und sich folgende Fragen zu stellen:

> Wenn massive Trennungsangst bestehen bleibt, ist eine diagnostische Abklärung richtig.

- Ist das Kind wirklich schon bereit für eine zeitweilige Trennung von den Eltern?
- Gelingt es den Eltern, zu den Fachkräften in der Einrichtung einen guten Kontakt zu knüpfen, der dem Kind versichert, bei ihnen gut aufgehoben zu sein?
- Welche Ängste bewegen die Eltern, wenn sie ihr Kind loslassen sollen? Sind diese Ängste nachvollziehbar oder wirken sie unrealistisch oder gar unverständlich?
- Wirkt das Verhalten der Eltern überfürsorglich in einer Weise, als lauere allerorten Gefahr?
- Wirken die Eltern selbst sehr misstrauisch den Fachkräften gegenüber und haben große Bedenken?

Ein weiterer Grund für übersteigerte Trennungsängste können Sorgen sein, die sich Kinder belasteter Eltern unbewusst machen: Wie geht es Mama, wenn ich nicht da bin? Weint sie dann wie gestern? Oder streiten Papa und Mama wieder? In den seltensten Fällen können Kinder dies formulieren, weil die meisten von ihnen spüren, dass sie über Probleme in der Familie nicht reden dürfen. Oftmals entstehen übersteigerte frühkindliche Trennungsängste auch als Folge einer unsicheren Bindung zwischen Eltern und Kind oder aufgrund erlebter oder erlittener Gewalt in der Familie.

Wenn extreme Trennungsängste einfach nicht verschwinden, sich keine Spiel- und Lebensfreude einstellen will, ist der Hinweis an die Eltern, eine diagnostische Abklärung der Ursachen für diese beeinträchtigende Trennungsangst des Kindes in die Wege zu leiten, unbedingt richtig. Es gibt verschiedene Therapieformen, die der Familie des Kindes Hilfestellung bieten können. Hierüber wissen Kinderärzt*innen Bescheid. Die Erfahrung zeigt, dass kleine Kinder über große regulatorische Kräfte verfügen und ihre Ängste überwinden können, wenn familiäre Störungen angesprochen und aus dem Weg geräumt werden.

Manchmal jedoch resultieren übersteigerte Trennungsängste auch aus Entwicklungsverzögerungen des Kindes oder speziellen Beeinträchtigungen; dazu ein Beispiel aus der Praxis.

■ **Fallbeispiel:** Die 3-jährige Sina trägt wegen fehlender Stereosicht eine Brille. Diese visuelle Beeinträchtigung hat zu Entwicklungsverzögerungen geführt. Sina ist in ihren visuo-motorischen Möglichkeiten sehr eingeschränkt, was ihre grob- und feinmotorische Fähigkeiten beeinträchtigt und situationsübergreifend Einfluss auf ihre Geschicklichkeit und motorische Sicherheit hat. Häufige Verletzungen sind die Folge. Ein weiteres Handicap zeigt sich in der Kindergruppe: Sina kann laute Rufe von hinten (räumlich akustisch) nicht einordnen, da das Differenzierungsvermögen ihres Seh- und Hörbereichs eingeschränkt ist. So hat Sina außerhalb ihres vertrauten Zuhauses oft große Angst. Am liebsten wäre sie immer bei ihrer Familie, in ihrer gewohnten Umgebung. Ihre Neugierde und ihre Unternehmungslust scheinen deutlich reduziert. Mit aller Kraft (Aggression aus Angst und Kontrollverlust) verweigert sie sich allem Neuen und Ungewohnten; sie weigert sich auch vehement, sich von ihrer Mutter oder ihrem Vater zu trennen. ■

Kinder mit Entwicklungsverzögerungen im wahrnehmungsverarbeitenden Bereich fühlen sich meist sehr unsicher in der Welt. Um die eigene Stärke zu spüren, testen sie dafür zu Hause umso mehr ihre Grenzen aus, wodurch ihre Eltern sie im familiären Alltag als sehr machtvoll und tyrannisch erleben. Ein Verhalten, das so gar nicht zu den großen Trennungsängsten zu passen scheint. Tatsächlich braucht es hier noch mehr Verständnis von Seiten der pädagogischen Fachkräfte für den enormen Mut, den diese Kinder für erste Autonomieschritte außer Haus aufbringen müssen. Sie werden deutlich mehr Zeit als andere Kinder für die Eingewöhnung benötigen. Während dieser ist es sinnvoll, sichere Inseln für die Kinder zu schaffen und bei Bedarf rechtzeitig heilpädagogische Zusatzhilfen zu installieren. Denn frühe heilpädagogische Förderung kann das Nachreifen der kindlichen Wahrnehmungsorganisation unterstützen.

ICD-10
F81: Kombinierte umschriebene Entwicklungsstörungen
F93.0: Emotionale Störung mit Trennungsangst des Kindes

III

Magisches Denken und Angst vor Schreckgestalten

Monster, Hexen und Gespenster gehören zum magischen Denken der 3- bis 6-Jährigen dazu. Wirklichkeit und Fantasie, Erlebtes und Erdachtes gehen in dieser Zeit bruchlos ineinander über. Dies kann Furcht, aber auch Angstlust und Spaß am spielerischen Gruseln auslösen.

1. Die magischen Jahre

Im Alter zwischen 3 und 6 Jahren ist bei Kindern die Fantasie so ausgeprägt wie zu keiner anderen Zeit des Lebens. Dies äußert sich auch in den besonders häufig stattfindenden Fantasie- oder Fiktionsspielen, die, wenn sie gemeinsam mit anderen Kindern ablaufen, als Rollenspiele bezeichnet werden – abgeleitet von der Tatsache, dass die Kinder blitzschnell in unterschiedlichste selbst erdachte Rollen schlüpfen. Diese Jahre, in denen kindliches Denken und Handeln von magischem Denken und lebhafter Fantasie sehr stark beeinflusst werden, werden auch als „magische Jahre" bezeichnet. Kindergartenkinder leben in einer Welt, in der Fantasie und Realität weit stärker miteinander verwoben sind, als dies bei Erwachsenen der Fall ist (vgl. Wooley 1997). So glauben beispielsweise viele 4- bis 6-Jährige, dass sie andere Menschen beeinflussen können, indem sie sie durch eigenes Wünschen dazu bringen, etwas in ihrem Sinne zu tun. Sie sind davon überzeugt, dass wirksames Wünschen zwar große Fähigkeiten erfordert, vielleicht sogar Zauberkraft, dass es jedoch möglich ist (vgl. Siegler et al. 2016). Die kindlichen Vorstellungen müssen dabei keineswegs logisch sein, was daran zu erkennen ist, dass die Kinder mitunter sich deutlich widersprechende Vorstellungen gleichzeitig im Kopf haben und pflegen. Dies legt nahe, dass sie alle für wahr und vor allem für relevant halten. Ihr Glaube an die Magie gilt als von ihnen kontrollierbar – eine aus salutogenetischer Perspektive wichtige Voraussetzung für ihre eigene Angstbegrenzung!

Magisches Denken und erste rationale Vorstellungen können parallel nebeneinander existieren. Je mehr Kinder im Laufe ihrer Entwicklung über die tatsächlichen Ursachen von Ereignissen wissen, umso unwahrscheinlicher wird es, dass sie magische Erklärungen heranziehen – auch wenn ältere Kinder durchaus noch an Geister oder ähnliche magische Gestalten glauben. Kinder denken und fühlen mehrdimensional. Sie sehen Objekte zwar nicht unbedingt als lebendig an, was für sie aber keineswegs im Widerspruch dazu steht, folgende Sätze zu formulieren: „Ich muss mal den Schrank fragen, welches Bilderbuch ich anschauen soll, er hat immer die besten Ideen" oder „Mein Vesperbrot hat zu mir gesagt: ‚Iss mich lieber nicht, ich schmecke nicht gut!'" Dies ist nicht unbedingt ein animistischer Glaube, sondern viel eher eine listige Strategie der Kinder, Verantwortung für ihr Tun an unbelebte Objekte zu delegieren, um sie nicht selbst übernehmen zu müssen. Das zweite Beispiel, die Sache mit dem Vesperbrot, kann auch eine intelligente Strategie sein, einem Dilemma zu entgehen, weil ich das Brot zwar essen soll, aber keinen Hunger darauf habe.

BEGRENZTER GLAUBE AN DIE MAGIE

Ein Versuchsleiter zeigte „Vorschulkindern eine leere Schachtel, schloss sie und forderte sie dann auf, sich darin einen Bleistift vorzustellen. Dann fragte er die Kinder, ob jetzt ein Bleistift in der Schachtel sei; viele sagten ‚ja'. Dann betrat eine erwachsene Person den Raum und sagte, sie brauche einen Bleistift für ihre Arbeit. Nur sehr wenige der Kinder öffneten die Schachtel oder gaben sie dem Erwachsenen. Wenn es also keine weiteren Folgen hatte, dass sie sich möglicherweise irrten, sagten viele Kinder, dass die Schachtel einen Bleistift enthalte, aber sie glaubten es nicht stark genug, um so zu handeln, dass es einem Erwachsenen dumm erscheinen könnte" (Siegler et al. 2016, S. 258).

2. Erfundene Schreckgestalten und ihre Funktion

Gespenster, Hexen, Zauberer und Dinosaurier sind Wegbegleiter des kindlichen Spiels. Die reiche Fantasie hat aber nicht nur positive und beflügelnde Folgen. Denn neben Schönem kann auch durchaus Schreckliches in der kindlichen Vorstellung – nicht unabhängig vom Erleben des Kindes – eintreten. Was ein Kind selbst denkt und tut, wird von ihm als wichtige Ursache für vieles, was passiert, empfunden.

> Erfundene Schreckgestalten können Stellvertreter für die wirklichen Ängste der Kinder sein.

Erfundene Schreckgestalten können Stellvertreter für die wirklichen Ängste der Kinder sein. Bei älteren Kindern hat sich die Lebenssituation deutlich verändert: Ihre Eltern sind nicht mehr immer präsent, sie stehen ihnen nicht in jeder Situation hilfreich zur Seite. Sie sind recht oft allein und auf sich gestellt. Eigene Vorstellungen und häufige Meinungsverschiedenheiten mit anderen Kindern, Auseinandersetzungen und Kämpfe sind ein großes Thema. Sie können schon viel, aber eben nicht alles. Die eigenen Möglichkeiten, aber auch die eigenen Grenzen werden immer realistischer gesehen. Logik kommt ins Spiel: In diesem Alter sieht ein Kind in vielem, was es tut, bereits die Ursache für das, was geschieht: Das Ursache-Wirkungs-Prinzip wird verstanden und beeindruckend vielfältig angewandt.

> Im Rollenspiel geht es darum, mit der Angst zu experimentieren.

Starke und gefährliche Gesellen zum Fürchten gehören in die Fantasiewelt des Kindes. Es fürchtet sich vor ihnen, doch zugleich träumt es davon, sie gezähmt und seinem Willen unterstellt zu haben. Der Wunsch nach mehr Einfluss wächst, aber Verlassenheitsängste, Verlustängste und Versagensängste stehen dem im Weg. Um diese Ängste besser fassbar zu machen, werden sie mit Zähnen, Krallen, feurigen Augen und einer unheimlichen Größe versehen. Man muss seinen Feind kennen, um mit der Angst vor ihm umgehen zu lernen – ja sogar mitunter mit den Ängsten „Fangen spielen" und beim Gruseln Angst in Lust verwandeln.

3. Rollenspiel zur Angsterprobung

Die kindlichen Strategien der Angstbewältigung sind hochgradig individuell, können kreativ und fantasievoll sein. Kinder verfügen anfangs noch über wenig kognitive Strategien, um Angst zu kanalisieren, sie arbeiten viele Angstzustände über fantasievolle Lösungen ab. Hier kommt dem Rollenspiel große Bedeutung zu; es geht darin um das Thema „Angst aushalten", „sich in Angstsituationen erproben". Das geschieht beim Spiel zwischen Kindern äußerst kreativ und fantasievoll: Man kann Raubtier sein und in Sekundenschnelle zum Hasen wechseln, aber auch vom Hasen zurück zum Raubtier.

Im Spiel mit der Realität verbinden Kinder individuelle und kulturell tradierte Geschichten mit zum Teil noch unbekannten Realitäten und sind dadurch in der Lage, nicht nur Geschichten mit anderen auszutauschen, sondern Dinge über die Welt zu erfahren, die sie selbst noch nicht erlebt haben (vgl. Brandes 2010). Der Austausch von Erinnerungen mit anderen Kindern festigt nicht nur die sozialen und affektiven Bindungen, sondern ermöglicht gleichzeitig, die Perspektive des anderen einzunehmen. Kinder spielen nicht nur eine gemeinsame Fantasiegeschichte, sondern inszenieren sich dabei selbst als soziale Wesen. Vordergründig mag es beim Rollenspiel um „Banküberfall" oder „Prinzessinnenhochzeit" gehen, unbewusst geht es dabei um die Aushandlung von Geschlechterverhältnissen und kulturellen Erfahrungen, oder das Rollenspiel bezieht sich auf familiäre Konstellationen bzw. persönliche Dramen mit tagesaktuellem Realitätsbezug (vgl. Brandes 2012).

4. Spielerisches Gruseln

Jetzt beginnt die bewusste Suche nach Gruselsituationen, um Angst in abgeschwächter Form zu erleben. So übt man, angstbesetzte Situationen zu bewältigen, und genießt diese kontrollierbare Erregung. Dass Kinder aus eigener Initiative spielerisch mit ihrer Angst umgehen, ist sicher eine der spannendsten Komponenten unserer menschlichen Verarbeitung von ängstigenden Eindrücken. Da ihnen in einem solchen Moment nichts wirklich Schlimmes droht, sowohl die Situation als auch die eigene Teilnahme am Gruseln selbst bestimmt sind, kann man das eigentlich Ängstigende genießen und auskosten. Vielleicht hilft diese Erfahrung dabei, in echten Angstsituationen nicht jede Kontrolle zu verlieren, sondern Nachdenken zu können, wenn man seiner Erregung Herr geworden ist.

Es geht darum, im fantasievollen Rollenspiel Schwierigkeiten und Probleme nachzuleben und an Lösungsver-

DER SCHRECKLICHE SULTAN

Moritz, Steffen, Kai und Freddy (alle vor wenigen Wochen 6 Jahre alt geworden) planen nach dem Mittagessen eine gemeinsame Herausforderung für den Nachmittag. Den Planungsgesprächen ist zu entnehmen, dass es ein spannendes und gefährliches Rollenspiel mit zwar vorab klar festgelegten Siegern, aber auch mit Hürden und Anstrengungen durch einen als „schrecklich" eingestuften Gegner werden muss: Der „schreckliche Sultan" hat Steffen und Kai gefangen genommen. Moritz und Freddy sollen sie befreien.
Die Gefangenen sitzen hinter einem Stuhlberg und wagen sich nicht hervor, da sie die Grausamkeiten des Sultans fürchten.
Moritz und Freddy beginnen mit der „Befreiung"; während des Spielverlaufs werden Ideen, die das Vorhaben komplizierter machen (ein schnelles Ende verhindern), nachgelegt: „Jetzt käme so starker Nebel auf, dass wir gar nichts mehr sehen könnten." Mit geschlossenen Augen tasten sich Moritz und Freddy weiter auf der Suche nach ihren Kameraden. Eine nächste Hürde zur Spielverlängerung wird eingebaut: Moritz wird von einer Schlange gebissen und kann nur noch auf einem Bein hüpfen, bis sie heilende Blätter finden. Als die Kameraden trotz Behinderung fast gefunden sind, das Rollenspiel also unweigerlich seinem Ende zugehen würde, fällt dem „gefangenen" Kai eine neues, erschwerendes Hindernis ein: „Wir sind aber gefesselt und mit Blattsaft betäubt. Ihr könnt uns nicht einfach rausholen, wenn ihr uns gefunden habt."

suchen dranzubleiben – und zwar immer dann,

- wenn man spürt, dass die Anspannung noch zu steigern ist,
- wenn bei keinem Kind echte Angst überwiegt,
- wenn alle vom Spiel weiterhin begeistert sind,
- wenn niemand genug hat oder abgelenkt wird,
- wenn niemand bereits spielsatt ist, sondern alle noch nachlegen wollen.

Fantasiespiel mit Waffen

Immer wieder wird in der Pädagogik heftig über das Verbieten von Waffen diskutiert. Das Verbieten von „So-tun-als-ob-Waffen" muss hinterfragt werden, denn an einer „Waffe" kann man sich psychisch festhalten, sie gibt einem Sicherheit, sie ist eine Art spielerisch erlebte Angstabwehr. Ein Echtbeispiel aus der Kita: „Die Federn wären todgiftige Pfeile! Schade, wir haben nix zum Abschießen. Egal: Das Berühren reicht und der Gegner ist tot." Ein Beispiel für eine im Grunde höchst effiziente Angstbewältigungsstrategie. Von besonders klugen Kindern, die über viel Sozialkompetenz verfügen, kann sogar ein weiterer Satz kommen: „Können die durch unsere todgiftigen Pfeile getöteten Bösen eigentlich uns verstärken, weil sie nach der Tötung zu uns gehören und gut geworden sind?"

5. Angst vor Dunkelheit

In den magischen Jahren ist die Angst vor der Dunkelheit besonders stark. Donner, knarrende Geräusche im Flur oder ein Rascheln unter dem Bett werden weniger mit realen Ängsten vor Einbrechern assoziiert als mit dem Wirken von Gespenstern und Monstern, die das Kind bedrohen. Dass es nachts dunkel und still ist, heizt die kindliche Fantasie noch an und wirkt auf viele Kinder bedrohlich – vor allem, wenn sie allein in ihrem Bett oder allein in ihrem Zimmer schlafen müssen und nicht sofort auf die Unterstützung ihrer Eltern oder Geschwister zurückgreifen können. Im Traum werden die vielfältigen Erlebnisse und Eindrücke des Tages von den Kindern verarbeitet, und wenn sie nachts aufwachen, fällt es ihnen schwer, Traum und Realität auseinanderzuhalten. Die Angst vor Dunkelheit ist biologisch angelegt, sie ist uralt und steckt in unseren Genen. Sie sorgt nachts für eine erhöhte Wachsamkeit (eine sogenannte Vigilanz). Für manche Kinder kann ein Nachtlicht, und zwar nicht nur beim Einschlafen, ganz wichtig sein, weil auch beim Wechsel der Schlafstadien das Kind beruhigter weiterschlafen kann. Es kann so schnell an den sichtbaren Umrissen sein Zuhause erkennen und muss nicht ganz aus dem Schlaf auftauchen, um sich orientieren zu können.

Deshalb ist auch für das Schlafen der Ganztagskinder in der Kita von großer Bedeutung, dass die Schlafräume nicht vollständig abgedunkelt sind. Das Licht zu dimmen, fördert das Zur-Ruhe-Kommen der Kinder, es ganz auszumachen, erhöht nur ihre innere Wachsamkeit. Es muss optische und akustische Hinweise für sie geben, um den Weg zur Tür und zur Toilette auch im Halbdunkel zu finden. Die Schlafwache muss so eingerichtet sein, dass es den Kindern möglich ist, sich ihrer Anwesenheit rückzuversichern. Auch sollten die Bettchen nicht vergittert sein, damit die Kinder jederzeit von sich aus die Nähe der Erwachsenen suchen können.

Kindliche Albträume

Im Alter zwischen 2 und 6 Jahren sind Albträume, bei denen die Kinder meist schreiend aufwachen, häufiger zu beobachten. Wenn dieses Hochschrecken vermehrt vorkommt, könnte es auf eine seelische Beunruhigung hindeuten, denn in Träumen wird alles Unangenehme und Beängstigende, das tagsüber erlebt wurde, verarbeitet. Das kann Übergangssituationen in Kita oder Schule betreffen, aber auch, dass jemand aus der Familie erkrankt ist oder Streit in der Familie vorherrscht. Kinder können in diesen Fällen manchmal nicht abschalten, weil alles bedrohlich wirkt. Dies nehmen die Kinder dann mit in den Schlaf. In Albträumen ist es nicht selten, dass Hexen, Teufel oder Ungeheuer das Kind jagen. Erst gegen Ende der Kindergartenzeit versteht es allmählich, dass Albträume nicht real

> In den magischen Jahren ist die Angst vor Dunkelheit besonders stark.

Schlafen in der Gruppe verringert die Angst

sind, andere Leute davon nichts mitbekommen und Träume, ähnlich den Gedanken, etwas ganz Persönliches sind. Dies hat auch mit der Entwicklung der Fähigkeit zur kognitiven Perspektivenübernahme zu tun, die es dem Kind ermöglicht, eigene von fremden Sichtweisen zu differenzieren. Es hilft dem Kind, mit ihm über die Träume zu sprechen, unter anderem, um dabei festzustellen, ob es die Träume als real oder als Fantasie betrachtet. Was hinter häufigen kindlichen Albträumen steckt, entdeckt man mitunter auch, wenn man das Kind malen lässt, was es gerade beschäftigt, was ihm Kummer bereitet oder welche Themen in Fantasiespielen häufiger vorkommen. Gerade wenn ein Kind auch im Kindergarten häufig Albträume hat, sollten die pädagogischen Fachkräfte es im Spiel genauer beobachten, um Rückschlüsse darauf ziehen zu können, mit welchen Ängsten sich das Kind gerade auseinandersetzt.

> Im Alter zwischen 2 und 6 Jahren sind Albträume besonders häufig.

6. Die Angst nicht herunterspielen

Die kindlichen Ängste vor magischen Schreckgestalten müssen von den Erwachsenen ernst genommen werden. Ein „Sowas gibt's doch gar nicht" hilft den Kindern nicht. Modell sein, das ist der Auftrag der Erwachsenen. Modell dafür, wie längerfristig mit Problemen umgegangen und wie ein Kind beruhigt werden kann. Man kann sich z. B. mit dem Kind auf die Suche machen, mit der Taschenlampe alles ausleuchten, das Kind selbst einmal in die Rolle eines Monsters oder Gespenstes schlüpfen lassen oder es auffordern, seinen Traum zu malen. In der sicheren Gegenwart des Erwachsenen oder anderer Kinder können Kinder eine Gruselgeschichte anhören oder vorgelesen bekommen und dabei merken, dass sich die Bedrohung in ein durchaus lustvolles Spiel mit der Angst verwandelt – man spricht auch vom spielerischen Gruseln. Die Mittagsschlafsituation in der Einrichtung ist natürlich nicht 1:1 mit der Nachtschlafsituation zu Hause vergleichbar. Zum einen ist es eine völlig andere Situation, tagsüber zu schlafen als nachts, sie wirkt in der Regel auch weniger bedrohlich, weil diese Phase einfach kürzer ist und es auch nicht so dunkel ist wie nachts. Zum anderen schlafen die Kinder in der Kita nie allein, sondern immer in einer Gruppe von Kindern, was das Einschlafen meist erleichtert. In manchen Bundesländern ist es sogar erlaubt, dass die Kinder beim Einschlafen Körperkontakt aufnehmen dürfen, was nochmals zur Beruhigung beiträgt.

Jedes Kind muss immer sagen dürfen, wenn es Angst hat! Es ist dann wichtig zu sagen: „Brauchst du nicht!", aber das Gefühl als solches sollte nicht heruntergespielt werden. Die Kinder sollten auch die Gründe benennen dürfen, warum sie dieses oder jenes machen oder eben auch nicht machen möchten, z. B. warum sie nicht – vor allem abends oder im Dunkeln – allein sein wollen. Die Angst herunterzuspielen ist also falsch, aber Gründe zu nennen, warum man keine Angst haben muss, ist nicht nur für den häuslichen Bereich hilfreich, sondern erweist sich auch für die Kita als wirkungsvoll. Zum Beispiel: „Du kannst dich darauf verlassen, ich passe auf – und Geister fürchten sich vor mir!"

7. Angst thematisieren, Lösungen anbieten

Im Alter zwischen 3 und 6 Jahren nutzen Kinder äußerst geschickt ihr magisches Denken und ihre Fantasie, um mit bestimmten Dingen und aufregenden Situationen, die sie sich noch nicht erklären können, zurechtzukommen. Auf magischem Wege – wenn Wirklichkeit und Fantasie, Erlebtes und Erdachtes ineinander übergehen – erklären sie sich Erlebnisse und Eindrücke und bekämpfen so erfolgreich Bedrohliches und Beängstigendes. Psycholog*innen plädieren dafür, in diesem Alter Gespenster und ähnliche Wesen bewusst zuzulassen, da sie wichtige Begleiter sein können, die vor Angst schützen, aber auch Vertraute, denen man seine Sorgen und Nöte anvertrauen kann (vgl. Armbrust/Hasslinger 2010).

„HÄNSEL UND GRETEL" (ein Märchen der Brüder Grimm)

Die Geschwister Hänsel und Gretel werden von ihren Eltern aus Hungersnot im Wald ausgesetzt. Sie verirren sich und landen schließlich beim Lebkuchenhaus einer bösen Hexe, die sie mästen und fressen möchte. Beide haben große Angst um ihr Leben. Während Hänsel zuversichtlich bleibt und nach Lösungen sucht, indem er der halb blinden Hexe mit einem kleinen Knochen vortäuscht, dass er noch kein Fett angesetzt hat, ist Gretel lange vor Schreck wie gelähmt. Bis sie sich schließlich ein Herz fasst, ungeahnte Stärken entwickelt und mittels einer List die Hexe in den Ofen stößt und sie so besiegt.

Um Gespensterängste zu verringern, sollte jede Einrichtung einen gut bestückten, variabel zu verwendenden Rollenspielbereich haben, der den Kindern verschiedene selbst gestaltete Möglichkeiten bietet, sich aktiv mit diesen besonderen Wesen auseinanderzusetzen und Ängste davor ggf. auch gemeinsam überwinden zu können. „Wovor hattet ihr schon mal Angst?" – „Was kann man tun, um die Angst zu verlieren?" Auch zur Beantwortung dieser Fragen muss es Raum geben. Bei der Auswahl von Märchen sollte man darauf achten, dass die geschilderte Lösung des Problems nicht immer vom Himmel fällt oder durch andere erfolgt – wie etwa bei Schneewittchen, wo die Rettung durch einen doch recht selten erscheinenden Prinzen geschieht –, sondern durch die bedrohte Hauptfigur selbst, die sich ihren Ängsten stellt und diese selbst oder gemeinschaftlich bewältigt, wie z. B. im Märchen „Hänsel und Gretel" (s. Kasten S. 20).

Eine derartige Lösung vermittelt den Kindern die Botschaft, dass es auch an einem selbst liegt, seine Ängste zu überwinden, um dann gestärkt daraus hervorzugehen. In der Elternberatung zeigt es sich, dass es z. B. beim Thema Einschlafängste wichtig ist, die Eltern mit einzubeziehen und sie zu fragen, welche Beobachtungen sie zu Hause gemacht haben und welche Einschlafhilfen sie ihrem Kind anbieten können, damit es seine Angst vor dem Einschlafen, der Dunkelheit und dem Alleinsein überwinden kann.

8. Wenn die Angst behandlungsbedürftig ist

Mangelnde Affektregulation und übersteigerte Angstlust

Ihre Ängste zu regulieren lernen Kinder schon von Geburt an: Wenn Eltern die Gefühle ihres Säuglings in Mimik und Worten widerspiegeln, erfährt dieser viel über sein Befinden in emotional unterschiedlichen Situationen. Das ist „psychohygienisch" wichtig, um seinen Gefühlsimpulsen immer weniger ausgeliefert zu sein. Das Kind wird „Herr über seine Gefühle". Nicht bewältigbarer Stress entsteht, wenn Babys und Kleinkinder mit ihren Angstgefühlen in sie überfordernden Situationen alleingelassen werden, da sie selbst noch über keine Beruhigungsstrategien verfügen. Ihre Fähigkeit, Affekte zu modulieren, entwickelt sich dann nur mangelhaft. Auch das ältere Kind benötigt noch seine Bezugspersonen, um sich seinen Affekten nicht situativ ausgeliefert zu fühlen: An der Mimik und Körpersprache des Gegenübers lernt es abzulesen, wie bedrohlich Eltern und weitere Bezugspersonen die Situation einschätzen oder sie zum „Weitergehen" ermuntern. Ein Kleinkind kann sich Schutz durch körperliche Nähe beim Erwachsenen suchen und dadurch zeitnah Beruhigung und Stressregulation erfahren. Später helfen bereits Zurufe vertrauter Personen aus der Ferne, um die Angst zu verringern oder Problemlösestrategien anzuwenden. Kommen derartige Beruhigungsangebote nicht zeitnah und zugewandt von den Bezugspersonen des Kindes oder – was besonders schlimm ist – wird die Bezugsperson selbst als bedrohlich erlebt, kann sich eine übersteigert ängstliche Haltung beim Kind situationsübergreifend manifestieren. Alles macht Angst, nirgends gibt es Schutz!

Auch nicht altersgemäße Filme können Ängste auslösen

Die medialen Inhalte, mit denen Kinder fast automatisch überall konfrontiert werden – oft auch täglich in der Familie –, können für unter 10-Jährige eine enorme Überforderung darstellen. Die allabendlichen Fernsehnachrichten zeigen meist brutale Realitäten, die verstörend wirken. Aber auch Kindersendungen enthalten oft rasante visuelle und akustische Spannungsbögen, die die kindliche Seele nicht „verdauen" kann. Und viele Kinder sind virtuellen Actionspielen und Filmen ausgesetzt, ohne eine Bezugsperson neben sich zu haben, die bei Schutzbedarf und Verständnisschwierigkeiten präsent und ansprechbar wäre und mitregulieren könnte. So nimmt bei einigen Kindern eine grundsätzlich ängstlich-angespannte Haltung zu, die beobachtet und professionell begleitet werden sollte.

■ **Fallbeispiel:** Ein auffälliges Beispiel dafür ist die „übersteigerte Angstlust" der 5-jährigen Lotta. Fast zwanghaft mutet es an, wie Lotta beim Spielen draußen andere Kinder herausfordert, sie zu fangen. Mit gezielten, heftigen Provokationen schürt sie in unterschiedlichen Situationen den Ärger ihrer Spielkamerad*innen, bis diese sie ernsthaft wütend verfolgen – und Lotta, die anfangs die Verfolgung deutlich zu genießen scheint, sich schlussendlich weinend und überfordert über die Knüffe der anderen Kinder beschwert. Nichtsdestotrotz startet sie wenig später neue Provokationen. ■

> Mediale Inhalte können bei Kindern starke Ängste auslösen.

Was hier beobachtet werden kann, nennt die psychoanalytische Theorie „Wiederholungszwang". Nach diesem Ansatz wird davon ausgegangen, dass Lotta an unverarbeiteten Ängsten leidet, deren Inhalt das „Ausgeliefertsein" zu sein scheint. Der Ursprung dieser Ängste kann in erlebter übergroßer elterlicher Strenge liegen, aber auch in sonstigen Erfahrungen, sich macht- und haltlos zu fühlen. Insbesondere die seelische Überforderung bei Gruselfilmen, in denen sich das Kind mit dem „Opfer" identifiziert, können oben genannte Ängste verstärken. Leider ist es eine gesellschaftliche Tatsache, dass viele kleine Kinder beunruhigenden und gruseligen Medieninhalten ausgesetzt werden, die keinesfalls altersgerecht sind. Viele Filme spielen in Realitäten, die weit von der Realität des Kindes entfernt sind und somit von diesem kognitiv und emotional nicht integriert und bewältigt werden können. Stattdessen erzeugen sie eine diffuse Angst beim Kind, die situationsübergreifend aktivierbar ist. Zeitgleich werden – wie auch in echten traumatischen Situationen – Endorphine ausgeschüttet, denen es gelingt, ein begleitendes Lustgefühl, trotz Angst, zu erzeugen. Diese „Angstlust" bezeichnet ein Gefühl, das aufkommt, wenn man sich der Gefahr immer ein Stückchen weiter nähert und dann „stehen bleiben kann". Biologisch als selbstgesteuertes, mit erweiterten Fähigkeiten mitwachsendes Schutzgefühl gedacht, kann diese Angstlust in unserem medialen Zeitalter zur „Angstlust-Sucht" führen, die mit den Erfordernissen des realen Lebens keinesfalls mithalten kann.

Was benötigt ein Kind wie Lotta von den pädagogischen Fachkräften? Hier ist ein einfühlsames Erfragen ihrer möglichen Angstinhalte genauso sinnvoll wie die Stärkung ihrer kindlichen Selbstsicherheit und Selbstwirksamkeit im Alltag. Wenn sich Lottas Verhalten nicht abschwächen sollte, ist ein Gespräch mit den Eltern angesagt – mit dem Ziel, nach einer diagnostischen Abklärung eine begleitende therapeutische Förderung des Kindes zu installieren.

ICD-10
F93.8: Sonstige emotionale Störung des Kindesalters, Störung mit Überängstlichkeit

Pavor nocturnus und Schlafwandeln

■ **Fallbeispiel:** Der 5-jährige Paul hat vor ein paar Wochen begonnen, mitten in der Nacht zu weinen oder aufzuschreien, wie in Panik, aus einem Traum heraus. Angstvoll ruft er dann nach seinen Eltern. Wenn diese herbeieilen, bemerken sie, dass Paul gar nicht wach ist. Er reagiert nicht auf ihre Ansprachen und lässt sich anfangs nicht beruhigen, bis er endlich doch die Zuwendung annehmen kann und sich im Arm eines Elternteils beruhigt, gähnt und schließlich weiterschläft. Er selbst weiß am Morgen nichts von der nächtlichen Attacke. ■

Diese nächtlichen Anfälle von Angst, auch „Pavor nocturnus" genannt, ereignen sich in oberflächlichen Schlafstadien, in denen auch geträumt wird. Vom 3. bis zum 9. Lebensjahr können sie sich ereignen und lassen auf eine erhöhte Sensibilität und damit verbundene Angstbereitschaft des Kindes schließen. In seltenen Fällen ereignen sie sich – übrigens nicht nur bei Kindern – aus dem Tiefschlaf heraus. Anfälle von Schlafwandeln können durch inneren Problemdruck verstärkt werden. Dabei können sich die schlafwandelnden Personen aufsetzen und durch die ganze Wohnung laufen, ohne dabei aufzuwachen.

In beiden Fällen gilt es zu prüfen, ob das Kind sich in Sorgen und Ängsten der Eltern „verfangen" hat oder ob es Belastungen für das Kind gibt, die es mit unbewusster Angst beantwortet. Pavor nocturnus kann ein Schutz vor der bewussten Auseinandersetzung mit real bestehenden Ängsten sein. Häufig beruhigt sich dieses symptomatische Verhalten, wenn die Quelle der Beunruhigung für das Kind genommen wurde. In Pauls Fall waren es die Ängste der Mutter, die kurz vor seiner Geburt eine in der Zwischenzeit ausgeheilte Krebserkrankung erlitten hatte und ihm davon häufig erzählte, ohne selbst ihre Angst vor einer Wiederkehr der Erkrankung bewältigt zu haben. Die in den Erzählungen immer unterschwellig mitschwingenden Todesängste der Mutter verstörten den Jungen immens. Nachdem Pauls Mutter wegen ihrer Ängste eine Therapie in Anspruch genommen hatte, beruhigten sich auch seine nächtlichen Ängste.

Tatsächlich neigen aber auch sensible Kinder zu nächtlichem Aufschrecken, deren Leben nicht deutlich belastet erscheint. Die medizinische Forschung geht davon aus, dass das Gehirn dieser Kinder Probleme damit hat, vom Tiefschlaf in die Traumschlafphase überzugehen. Als Grund werden noch nicht vollständig abgeschlossene zentralnervöse Reifungsprozesse vermutet. Betroffen sind vor allem Kinder, die körperlich oder seelisch sehr beansprucht und vor dem Schlafen nicht ausreichend zur Ruhe gekommen sind.

ICD-10
F51: Nichtorganische Schlafstörungen

IV

Soziale Ängste und Schüchternheit

Es gibt Kinder, die zurückhaltend sind, eher beobachten, statt mitzuwirken, und gerne für sich allein spielen. Leiden Kinder jedoch unter extremer Schüchternheit und Gehemmtheit, brauchen sie im Kita-Alltag beständige Unterstützung durch die pädagogischen Fachkräfte.

1. Angst vor den anderen Kindern

„Sicher werde ich heute wieder etwas falsch machen oder beim Morgenkreis in der Gruppe nicht antworten können oder vergessen, dass ich immer in ganzen Sätzen sprechen soll!" Überraschend vielen Kindern geht es so: Angst zu haben, in einer „öffentlichen" Gruppensituation, wie es der Morgenkreis nun mal ist, etwas nicht richtig zu machen, richtig zu sagen,

> Soziale Ängste zeigen sich häufig im Morgenkreis oder bei den Mahlzeiten.

vor allen Kindern – bitte lauter! – sprechen zu müssen. Ein typischer Fall von Angst vor sozialer Beurteilung und vor Gruppenreaktionen. Sozial ängstliche Kinder fürchten sich, etwas nicht richtig zu sagen, beim Sprechen rot zu werden, zu stottern zu beginnen und am Ende womöglich wieder weinen zu müssen. Um dieser Horror-Situation zu entgehen, versuchen manche, die Peinlichkeit durch mehrmaliges stummes Probesprechen vorab aufzufangen, was aber häufig ihre Erregung noch verstärkt und dadurch zu den gefürchteten Versprechern und nachfolgenden Kontrollverlusten führt.

Soziale Ängste zeigen sich typischerweise beim Morgenkreis, beim Anstehen in einer Schlange (hier kommt noch der beklemmende Dichtestress hinzu), aber auch bei Mahlzeiten. Aron hat Angst, vor anderen laut genug und verständlich zu sprechen. Er kann im Beisein anderer nicht auf die Frage antworten, ob er noch etwas Salat oder einen zweiten Löffel vom Nachtisch möchte. Er hat Angst, sich zu bekleckern, dass sein Besteck herunterfällt, dass er husten, rülpsen oder sich gegen Ende der Mahlzeit mal wieder erbrechen muss, da seine Aufregung bereits so stark angestiegen ist, dass er Unwohlsein verspürt.

Soziale Ängste werden fast täglich durch die Blicke und womöglich das Lachen der anderen Kinder aktiviert und verstärkt.

Kontaktängste können auf sozialen Ängsten beruhen. Sie zeigen sich an überdurchschnittlicher Schüchternheit, übermäßiger Zurückhaltung und vielen Verweigerungssituationen. Mitunter ist die Zurückhaltung oder Furchtsamkeit gegenüber den anderen Kindern und den Fachkräften auch besonderen Umständen geschuldet. Kinder, die „anders" sind, anders aussehen, (anfänglich) eine andere Sprache sprechen, körperlich oder geistig teilweise eingeschränkt sind, können – auch aufgrund schlechter Vorerfahrungen – eher zögerlich bei Kontaktaufnahmen sein, weil sie Angst davor haben, in ihrem Anderssein auch diesmal erkannt und wieder nicht angenommen zu werden. Ein Grund mehr, warum das Thema Umgang mit Vielfalt und Inklusion einen hohen Stellenwert bei Professionalisierungsmaßnahmen in jeder Kita haben muss.

Kaum eine Verhaltensweise wird von Vorbildern der unmittelbaren Umgebung so stark beeinflusst wie soziale Ängstlichkeit (vgl. Specht-Tomann 2015). Kinder, deren Herkunftsfamilien kaum sozial eingebettet sind, die selten Besuch von Freund*innen und Bekannten bekommen und in deren Familien kaum Feste gefeiert werden, haben wenig Möglichkeiten im Rahmen ihrer Sozialisation zu erfahren, dass andere – auch anfänglich unbekannte – Menschen kein Grund für Besorgnis sind, sondern Quelle für Neues und Anregendes sein können. Gerade für diese Kinder sollten Krippen und Kindergärten Orte sein, an denen alternative Erfahrungen gesammelt werden können, die eher auf die Welt und deren Bewohner*innen neugierig machen.

2. Angst, nicht dazuzugehören

Ein Kind kann aber nicht nur Angst vor dem Urteil der Kindergruppe haben. Es kann auch Angst davor haben, nicht dazuzugehören, außerhalb der Gruppe zu stehen, Außenseiter*in zu sein. Diese Angst vor Ablehnung und Einsamkeit (vgl. Baer 2018), da-

DER UNGESTÜME MARTIN

(aus Specht-Tomann 2015, S. 85f.)

„Der fünfjährige Martin versetzt die anderen Kinder im Kindergarten mit seinem ungestümen Auftreten in Angst und Schrecken. Mit lautem Geschrei jagt er die Mädchen durch den Garten und lässt keine Gelegenheit aus, sich mit den Jungen in wilde Raufereien zu verwickeln. Als er eines Tages runde Holzscheiben wie Frisbee-Scheiben durch den Raum wirbelt, bittet die Erzieherin die Mutter zu einem Gespräch. Es stellt sich heraus, dass Martin in den letzten Wochen auch zu Hause unausgeglichen und leicht reizbar war; seine Stimmung konnte von einem Moment auf den anderen von Wut in Weinerlichkeit umschlagen. Manchmal warf er sich dann schluchzend in die Arme seiner Mutter und stieß unter Tränen ein ‚Keiner mag mich!' hervor. Nun trug sein Verhalten im Kindergarten nicht gerade dazu bei, dass die Kinder Martin in ihr Herz schlossen. Doch wie war dem Kind zu helfen? Die Mutter und die Erzieherin beschlossen, sich regelmäßig zu besprechen und Martin viele Möglichkeiten zu geben, seine Kraft ‚kontrolliert' ausagieren zu können. Andererseits galt es, Rahmenbedingungen zu schaffen, in denen er mit anderen Kindern gemeinsam Aufgaben bewältigen konnte. Langsam lernten sie so auch den ‚anderen' Martin kennen, den Martin, der gute Spielideen hat und dessen Kraft und Stärke auch Schutz und Sicherheit geben konnte."

vor, keine Freund*innen zu haben, kann zu unterschiedlichen Reaktionen der Kinder führen. Manche ziehen sich zurück und suchen Trost bei den Fachkräften oder beschweren sich: „Die lassen mich nie mitspielen!" Andere versuchen sich Freundschaften zu „erkaufen", indem sie den für sie attraktiven Kindern etwas schenken oder für sie Aufträge ausführen. Wieder andere versuchen sich lautstark hervorzutun, zu imponieren oder werden aggressiv, um ihren Ängsten vor Ablehnung und Einsamkeit zu begegnen (vgl. ebd.). Aufgabe der Fachkräfte muss es sein, solche Notstrategien im Alltag zu erkennen und den Kindern – ohne sie bloßzustellen – andere Wege zu bahnen, um Teil der begehrten Spielgruppe zu werden. Das gelingt nur, wenn ihnen sozial verträglichere Lösungsstrategien aufgezeigt und vorgelebt werden.

Kinder sind auch mal gerne allein unterwegs

3. Soziale Zurückhaltung

Soziale Zurückhaltung oder Furcht in Maßen gehören zu unserem Leben dazu und können durchaus als angenehme Bescheidenheit geschätzt werden. Auch vielen Erwachsenen ist es unangenehm, im Mittelpunkt zu stehen oder vor einem größeren Publikum sprechen zu müssen. Genauso gibt es Kinder, die sich gerne etwas zurückhalten, Gruppenkonstellationen, Spielabläufe und das „soziale Klima" erst einmal beobachten, bevor sie sich entscheiden mitzumachen.

Entscheidend für die Frage, ob ein normales Maß an sozialer Scheu überschritten wird und die Kinder deshalb pädagogische Unterstützung brauchen, ist die Beobachtung, wie es den Kindern selbst dabei geht. Das heißt, ob sie z. B. sehr gerne mit den anderen Kindern spielen würden, sich aber nicht trauen, oder gerne etwas im Morgenkreis sagen würden, aber auch hierzu nicht den nötigen Mut aufbringen. Kinder, die gerne allein spielen, können auch einfach nur sehr wählerisch sein, was ihre Spielpartner*innen betrifft, oder einfach zufrieden mit dem, was sie gerade konstruieren, empfinden, was sie antreibt oder was sie sich in ihrer Fantasie vorstellen. Manche Einzelgänger*innen (Loner) interagieren zwar selten mit anderen Kindern, aber wenn sie es tun, bekommen sie dafür viel Aufmerksamkeit, weil sie z. B. gute Ideen ins Spiel einbringen. Das ist auch der Grund, weshalb sie Anerkennung und Freiraum bekommen. Einzelgänger*innen müssen also keineswegs immer Außenseiter*innen sein und sind auch eher selten sozial ängstlich. Tatsächlich gibt es nur einen mäßigen wissenschaftlichen Zusammenhang zwischen Soziabilität und Schüchternheit, d. h., Geselligkeit und Schüchternheit sind nicht pure Gegensätze, sondern eigene, wenn auch voneinander abhängige Aspekte des Temperaments (vgl. Buss/Plomin 1984).

Auch ein zurückhaltendes Kind kann also selbstbewusst und innerlich stark sein. Kinder bringen bereits mit ihrer Geburt unterschiedliche Temperamente mit. So haben z. B. 15% aller Kinder ein sogenanntes langsam auftauendes Temperament (slow-to-warm-up). Sie brauchen eine gewisse Zeit, um sich an neue Situationen zu gewöhnen. Fremde Personen werden nicht automatisch angelächelt und auch gegenüber unbekanntem Essen, ungewohnter Kleidung, neuem Spielzeug oder einer fremden Umgebung sind sie oft erst einmal skeptisch. Diese erkennbaren Anpassungsschwierigkeiten lassen aber keineswegs Rückschlüsse auf lebenslange Schüchternheit zu.

Zum Problem kann eine gewisse Zurückhaltung dadurch werden, dass die Gesellschaft bzw. die Eltern ein zurückhaltendes Kind eher negativ bewerten. Es gibt hier weltweit auch deutliche kulturelle Unterschiede. Chinesische Mütter bekräftigen z. B. durch Wärme und akzeptierendes Erziehungsverhalten die Schüchternheit ihrer Kinder (vgl. Heikamp 2014). In China ist kontrolliertes Verhalten eher sozial erwünscht und erfährt daher durch kulturell vermittelte Erziehungsziele und -praktiken positive Verstärkung. In westlichen Kulturen, die viel Wert auf die Autonomie des/der Einzelnen legen und deshalb Durchsetzungsfähigkeit und Selbstständigkeit bei Kindern fördern, sehen Bezugspersonen Schüchternheit als unreif an und deuten sie als mangelnde soziale Kompetenz.

UMGANG MIT SCHÜCHTERNEN KINDERN

(vgl. Römer 2014)

- Zurückhaltende Kinder sollten ermutigt, aber nicht dazu gedrängt werden, etwas zu tun, was sie nicht tun möchten.
- Schüchterne Kinder sollten so akzeptiert werden, wie sie sind, und nicht hinterfragt werden („Warum traust du dich denn so wenig?").
- Schüchterne Kinder brauchen mehr Geduld und Zeit, um ihrem eigenen Tempo zu folgen.
- Erwachsene sollten nicht den Schritt für das Kind übernehmen, auf andere Kinder zuzugehen und zu fragen, ob es mitspielen darf.
- Fachkräfte sollten aufmerksam sein, wenn schüchterne Kinder ihre Grenzen überschreiten und Dinge tun, die sie sich bisher nicht getraut haben. Dies sollte den Kindern auch zurückgespiegelt werden, um sie in ihrem Verhalten zu verstärken.
- Kindern Verantwortung zu übergeben, z. B. durch Patenschaften für jüngere Kinder, Botengänge o. Ä., kann die Selbstwirksamkeit der schüchternen Kinder stärken.

4. Schüchternheit ist ein Diversitätsmerkmal

Gerade in Kitas mit Kindern aus vielen unterschiedlichen Kulturen ist es für die Fachkräfte wichtig zu begreifen, dass unterschiedliches Temperament – und damit auch Schüchternheit – ein Diversitätsmerkmal ist, das es im pädagogischen Alltag genauso zu berücksichtigen gilt wie die unterschiedlichen Interessen und Bildungsvoraussetzungen der Kinder. Nur wenn die Fachkräfte genau hinschauen, können sie feststellen, ob die zurückhaltenden Kinder einfach einen anderen Zugang zur Welt haben und z. B. oft Abläufe beobachten, bevor sie diese ausprobieren, oder ob sie tatsächlich unter einer sozialen Angst leiden und eigentlich gerne mitspielen würden, es sich aber einfach nicht zutrauen. Nur genaues Beobachten und Dokumentieren in unterschiedlichen Kontexten hilft festzustellen, ob ein Kind sich mit seinem – von der Mehrheit abweichenden – Verhaltensmuster in einer emotional vielfältigen Gruppe wohlfühlt oder nicht. Dabei kann es durchaus sein, dass eine gewisse Schüchternheit für Jungen in der Kita mit mehr Nachteilen verbunden ist als für Mädchen. Das kommt daher, dass Jungen oft in größeren Gruppen spielen und damit die Wahrscheinlichkeit höher ist, dass auch weniger vertraute Kinder dabei sind. Dies stellt für die Jungen eine größere Herausforderung dar als für Mädchen, die eher mit wenigen, aber festen Freundinnen in kleinen Gruppen spielen. Schüchterne Kinder fühlen sich dort besser aufgehoben.

Kinder, die eher zurückhaltend sind, werden oft verkannt, da sie nicht ins gesellschaftliche Wunschbild westlicher Kulturen passen. Häufig haben schüchterne Kinder aber besondere Fähigkeiten. Sie sind oft empfindsam, können sich selbst gut spüren und mit ihren Ängsten und Grenzen sorgfältiger umgehen als so mancher Draufgänger (vgl. Römer 2014). Es gehört auch ein gewisses Maß an Mut dazu, sich dem Gruppendruck nicht zu unterwerfen und bei etwas nicht mitzumachen, was man selbst nicht will, alle anderen aber schon. Schüchterne Kinder können auch autonomer agieren und lassen sich nicht so stark von äußeren Einflüssen beeindrucken. Sie können sich von allem, was ihnen evtl. zu viel werden könnte, besser abgrenzen. Auch müssen sie sich nicht ständig in den Mittelpunkt drängen, um Aufmerksamkeit zu erlangen.

5. Gehemmtheit

Gehemmtheit geht über Schüchternheit hinaus. Gehemmte Kinder verhalten sich eher ruhig und zurückgezogen, ihr Sprechen ist oft leise und undeutlich, wirkt unsicher und ist manchmal abgehackt oder stotternd. Auch der Blickkontakt ist unsicher, reduziert, bisweilen nervös. Gehemmtheit drückt sich auch durch eine verkrampfte Körperhaltung oder motorische Unruhe aus. Die Kinder verhalten sich beim Spielen passiv, vermeidend oder gar verweigernd. Sie weichen Kontaktsituationen aus, weil sie entmutigt sind, und brauchen die Anteilnahme, Anleitung und Unterstützung von Erwachsenen, um ermutigend-korrigierende Erfahrungen zu ermöglichen. Kinder mit schwierigem Temperament entwickeln sich jedoch oft gut, wenn sie eine geeignete Erziehung erhalten und ihr Temperament mit den Anforderungen und Erwartungen ihrer sozialen Umwelt zusammenpasst (hohe Anpassungsgüte). Diese Kinder benötigen unterstützende, geduldige und konsistent erziehende Bezugspersonen, auch wenn sie ihre Umgebung mit ihrem Verhalten mitunter herausfordern.

Gehemmte Kinder zeigen auch besonders deutliche physiologische Stressreaktionen in Form von Pupillen-, Herzschlag-, Blutdruckveränderungen und Cortisolausschüttungen, wenn sie in einer zu großen Gruppe betreut werden (vgl. Dollase 2015). Diese Kinder brauchen insbesondere am Nachmittag die Chance, allein oder in kleinen Gruppen spielen zu dürfen, um nicht durch die Präsenz von vielen gleichzeitig agierenden und Aufmerksamkeit fordernden anderen Kindern gestresst und überfordert zu werden.

VERHALTENSHEMMUNG

Verhaltenshemmung (Inhibition) ist eine auf dem Temperament beruhende Neigung zu angstvollem Unbehagen und Gehemmtheit, wenn ein Kind es mit neuartigen oder stressigen Situationen zu tun hat (vgl. Siegler et al. 2016). Verhaltensgehemmte Kinder haben im späteren Alter auch eine erhöhte Wahrscheinlichkeit für problematische Interaktionen mit anderen Menschen, sozialen Rückzug, Phobien und Depression.

6. Wenn die Angst behandlungsbedürftig ist

■ **Fallbeispiel:** Alina spricht im Kindergarten nicht. Dabei kann sie sich zu Hause schon verständlich ausdrücken. Zuerst dachten alle, sie müsse sich erst an die neue Situation gewöhnen, aber auch nach drei Monaten Kindergartenzeit hat sich an dieser speziellen Sprachlosigkeit noch nichts Wesentliches verändert. ■

Selektiver Mutismus (lat.: mutuus = stumm) bedeutet, dass Kinder unter bestimmten Bedingungen nicht sprechen, in anderen Situationen aber altersgerecht sprechend kommunizieren können. Häufig fällt bei den betroffenen Kindern soziale Ängstlichkeit in verschiedenen Situationen auf, die oft mit Regulationsstörungen des Schlafes, der Nahrungsaufnahme und auch der Ausscheidung einhergehen. Die Ursachen sind in der Regel komplexer Natur: Meist sind die Kinder von Beginn ihres Lebens an eher scheu und lehnen Kontaktsituationen außerhalb des engen Familienkreises ab. Gehäuft entwickeln sie den Mutismus als Reaktion auf ein Trauererleben oder auf anhaltende familiäre Belastungen. Ausgelöst wird die Störung oftmals beim Übergang des Kindes in die Kita, der als erster anhaltender Kontakt mit einer außerfamiliären Lebenswelt als bedrohlich und fremd erlebt wird. Zu verstummen, ursprünglich als Lösungsversuch vom Kind unbewusst in Überforderungssituationen gewählt, kann sich später verfestigen, ja verselbstständigen: Das Kind steigt sprachlich, durchaus aber auch Mimik und Gestik betreffend, aus der sozialen Situation aus. So kann sich ein Teufelskreis aus Vermeiden sprachlicher Kommunikation und Verpassen sprachlichen wie sozial-emotionalen Lernens etablieren. Durch dieses Verhalten kann das Kind in seinen Umgebungswelten erhöhte Aufmerksamkeit erhalten und so unbeabsichtigt eine überfordernde Kontrolle über soziale Situationen in der Familie bekommen.

Sollte das ungünstige Schweigen länger als vier Wochen andauern, wird den Eltern empfohlen, professionelle Hilfe einzuholen. Kinder- oder HNO-Arzt bzw. -Ärztin werden eine Heilmittelverordnung über Sprachtherapie ausstellen. Mit dieser können die Eltern ihr Kind zu einer genaueren diagnostischen Überprüfung bei einem/einer Sprachtherapeut*in vorstellen. Anhand verschiedener Beobachtungssituationen und Gespräche kann festgestellt werden, ob es sich um Mutismus oder eine andere Sprach-, Sprech- bzw. Kommunikationsstörung handelt, und welche therapeutischen und zusätzlich unterstützenden Maßnahmen ergriffen werden können. Die Erfahrung zeigt, dass sich bei Nicht-Eingreifen das Störungsbild stärker manifestieren kann, sich über Jahre hält und sich die pathologischen Kommunikationsmuster bis ins Erwachsenenalter erstrecken können.

ICD-10
F94.0: Elektiver Mutismus

WICHTIGE HINWEISE FÜR PÄDAGOGISCHE FACHKRÄFTE

Wie kann die pädagogische Fachkraft mit dem Nicht-Sprechen des Kindes in der Kita umgehen?

- Das Allerwichtigste und Schwierigste zugleich: Nehmen Sie das Schweigen nicht persönlich!
- Drängen Sie das Kind nicht zum Sprechen, denn sein Schweigen kann nicht bewusst von ihm unterlassen werden. Das Schweigen wurde als notwendig erscheinende Lebensstrategie schon über Jahre hinweg „entwickelt".
- Wenn das Kind den Ehrgeiz der Fachkräfte spürt, es zum Sprechen zu bringen, steigen seine Angst und sein Widerwille vor dem nächsten Sprechanlass und somit auch der nächsten Eins-zu-eins-Situation, in der Sprechen oder Antworten erwartet wird.
- Die Sprecherwartung wird vom Kind als situationsübergreifend dominant erlebt. Es besteht die Gefahr, das Symptom in den Mittelpunkt aller Interaktionen mit dem Kind zu stellen. Viel wichtiger und erfolgversprechender ist es, situationsübergreifend die Spontaneität und Lebensfreude des Kindes zu stärken.
- Interessieren Sie sich für das Wesen des Kindes, seine individuellen Stärken und seine nicht-sprachlichen Ausdrucksformen. Das Kind wird selbst entscheiden, wann es das Nicht-Sprechen aufgeben kann. Meist geschieht dies im selbstvergessenen Spiel – oft mit andern Kindern, ohne Erwachsene.

V

Angst vor den täglichen Übergängen

Eine neue Umgebung wie die Kita ist für viele Kinder zunächst angsteinflößend, aber auch Raumwechsel und die kleinen Übergänge im Tagesablauf können Furcht oder Unbehagen auslösen. Hier sind klare Strukturen, Transparenz der Abläufe und eine individuelle und feinfühlige Begleitung vonnöten.

1. Der Start in der Kita – ein Weltenwechsel

Der alte Begriff „Fremdbetreuung" hat sicher einige Jahrzehnte dazu beigetragen, den Start in der Kita für alle Beteiligten zu erschweren. Die Angst vor dem täglich zu bewältigenden „Weltenwechsel" verschwindet für ein Kind angesichts der Erfahrung, in der Kita geschützt zu sein, viel spielen zu können, in diesen Räumen mit den Freundinnen und Freunden bleiben zu können, „bis ich nachmittags mit Mama oder Papa wieder nach Hause gehe". „Als ich hier noch klein war, war ich so aufgeregt. Ich hab die ganze Nacht nicht geschlafen. Ich hatte Freude und Angst. Alles war so groß und ich bin immer hinter der Mama gegangen. Aber sie hat mich dann reingestellt und – ja so war's" (Tino, 3;8 Jahre; aus: Griebel/Niesel 1998, S. 11).

Findet in den ersten Lebensjahren eines Kindes eine regelmäßige, über Jahre dauernde außerfamiliäre Zusatzbetreuung statt, so muss es ihm ermöglicht werden, außer der Bindung an seine Hauptbezugspersonen (in der Regel die Eltern) nach und nach individualisierte Beziehungen in abgestufter Intensität auch zu den neuen Mitgliedern seiner sich nun (langsam) erweiternden Sozialgruppe aufzubauen – also sowohl zu den Fachkräften als auch zu den anderen Kindern in der Kita. Um diese Herausforderung zu bewältigen, benötigt das Kind, zumindest anfangs, mindestens eine erwachsene Person, die ihm empathisch und wertschätzend zur Seite steht, mit ihm auf zugewandt-verständliche Weise kommuniziert und es in seiner Persönlichkeit, seinen Gefühlen, seinem Handeln wahrnimmt und begleitet. Ist das Kind schon zu Beginn täglich länger in der Einrichtung als seine mit ihm startende Bezugsfachkraft, muss im Tandem eingewöhnt werden, damit dem Kind immer eine mit ihm vertraut werdende Bezugsperson zur Verfügung steht. Jedem Kind muss in der außerfamiliären Zusatzbetreuung die Chance gegeben werden, seine Bedürfnisse und Wünsche, aber vor allem anfangs auch seine Ängste und tagesaktuellen Sorgen verbal oder nonverbal äußern zu können. Die professionellen Antworten hierauf sind eine wichtige Voraussetzung für Selbstregulation und Stressbewältigung und somit zur Angstbewältigung dringend nötig.

Jedes Kind startet individuell

Entgegen früheren Empfehlungen, beim Start der Krippenbetreuung das Kind generell in einem kleinen, überschaubaren Raum mit wenigen anderen Kindern einzugewöhnen, zeigen Praxisbeobachtungen der letzten Jahre, dass dieser „Sonderstart" für einige wenige – vielleicht sozial ängstlichere – Kinder dringend nötig und angebracht ist, während unerwartet viele Kinder bereits nach wenigen Starttagen recht eindeutig signalisieren, dass sie nun zuerst mit den Eltern und dann auch mit ihrer Bezugsfachkraft in der Einrichtung zwischen den anderen Kindern „unterwegs" sein wollen, also den Ort durchaus wechseln, mehr sehen, eventuell sogar schon mal ins Außengelände zu den dort spielenden Kindern gehen wollen. Beobachtungen bei laufendem Betrieb zeigen, dass die Ankunftssituation in einer anfangs fremden Umgebung für einige Kinder, in sicherer Nähe zu vertrauten Personen, in Bewegung deutlich leichter zu bewältigen sein kann. Der motorische Erregungsabbau wie auch die selbst gesteuerte Nähe-Distanz-Regulation zu Mutter, Vater, aber auch zur pädagogischen Fachkraft und zu anderen Kindern sollten bei einer professionellen Startbegleitung mit in den Blick genommen werden. Denn hier geht es um individuelle Momente von Selbstregulation und Stressbewältigung, die auf vielfältige Weise unterstützt werden sollten, um Angst zu vermindern.

> Die Angst vor dem täglichen „Weltenwechsel" verringert sich durch die Erfahrung, in der Kita gut aufgehoben zu sein.

2. Jede Eingewöhnung ängstigt und stresst

Jede Eingewöhnung bedeutet anfangs Angst und Stress für ein Kind, aber dieser Stress kann in Kombination von vertrauten familiären Bindungspersonen und sensibel zugewandter Fachkraft als neuer Bezugsperson kontrollierbar werden (vgl. Haug-Schnabel/Bensel 2016). So kann eine professionelle Eingewöhnung für ein Kind tatsächlich eine seine Resilienz steigernde Erfahrung sein. Dieses Erfolgserlebnis kann die Affektregulation des Kindes stärken. Das bedeutet, dass das Kind nach einer individuell unterschiedlich langen Phase von ängstigender Irritation und gefühltem Kontrollverlust beim Abschied der Eltern nun erweiterte Kontrollerfahrungen durch einen verlässlichen Beziehungsaufbau zu den Fachkräften wie auch – in anderer Form – zu den anwesenden Kindern erleben kann.

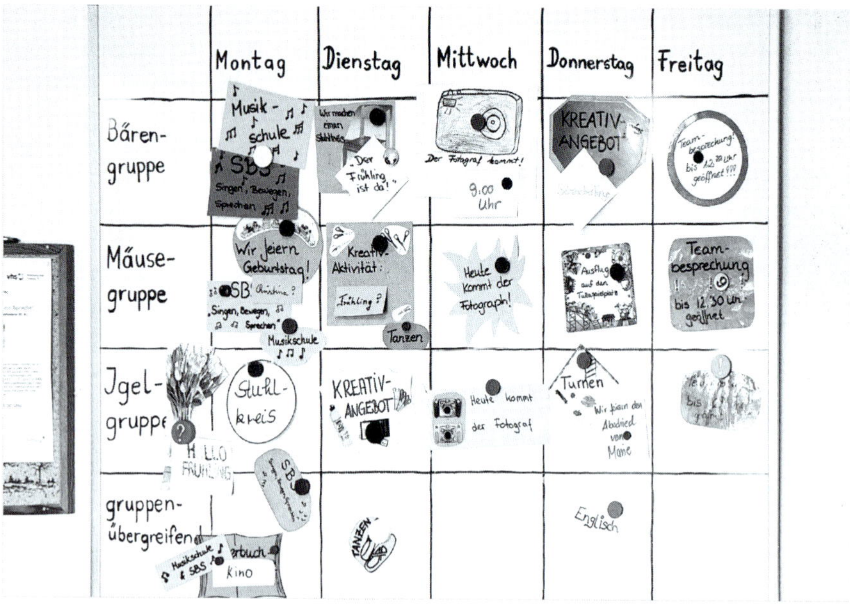

Übergänge im Tagesablauf sichtbar machen

Entscheidend für den Stresshaushalt und das kindliche Wohlbefinden ist, ob die Bezugsperson das gestresste Kind vor Gefühlen des Ungeschütztseins bewahren kann. Das heißt auch, dem Kind die Chance zu geben, seine Bewältigungsstrategien bei Angst und Überforderung einzusetzen und als erfolgreich zu erleben. Das ist wichtig, damit das Kind seine anfängliche Belastung als immer mehr kontrollierbar und damit weniger ängstigend erlebt. Dem täglich wiederkehrenden Prozedere der Begrüßungssituation und dem passend vorbereiteten und professionell „angespielten" Raum" kommt hierbei eine wichtige Bedeutung zu: „Ist der Hase, der mich gestern beim Abschied von Papa getröstet hat, heute auch wieder da? Ja, und heute sitzt er mit Mütze auf einem Dreirad … Ich will mit ihm Dreirad fahren! Wo ist meine Mütze?" (Beobachtung in einer Kölner Kita).

Selbst- und Fremdwahrnehmung, Selbstregulation, Selbstwirksamkeit, Sozialkompetenz sowie Stressbewältigung und Problemlösekompetenz gehören zu den Stationen auf dem Weg zu weniger Angst. Frühe Stressregulation gilt als hochpotente Angstprävention: Kinder zeigen individuell recht unterschiedlich und vielfältig, welche Form der Zuwendung und Regulationshilfe sie von wem brauchen, um sich nach heftiger Anfangserregung oder einem kleinen Unfall oder Streit wieder stabilisieren zu können. Diese Signale für die Fachkraft werden nur aufrechterhalten, wenn diese bei Trostbedarf verlässlich und passend reagiert. Es geht um das Gefühl: „Sie/Er versteht mich, merkt, wie es mir geht und was ich jetzt brauche!"

3. Angstprävention muss früh beginnen

Für alle Kinder sind anfangs voraussagbare Reaktionen und eine verlässliche Beantwortung als Angstprävention wichtig. Dazu gehören z.B. die Wiedererkennbarkeit des Tagesablaufs, überschaubare Räumlichkeiten, ein freier Zugang zu altersgeeigneten Materialien und anregenden Spielgegenständen, aber auch klar mitwachsende Freiräume und ein paar wenige, aber eindeutige Regeln, die dem Kind Sicherheit geben und das Zusammenleben einfacher machen. Genau zu wissen, was man darf, und sich ebenso sicher zu sein, was man nicht darf, verringert Ängste. Die Gültigkeit und Eindeutigkeit von Regeln gegen angstmachende Konfliktsituationen gehören dazu: nicht schlagen, nicht beißen, nicht schubsen, nichts wegnehmen. Ebenso wichtig sind individuell zugewandte und leicht verständliche Rückmeldungen zu gut bewältigten Konflikten.

Am Morgen in der Kita in einem für Kinder und Eltern ansprechend gestalteten „Ankommbereich" oder bereits in der Gruppe andere Kinder schon spielend oder in einer gemütlichen Vorleserunde anzutreffen, ist eine angstmildernde, sogar lockende Einstiegshilfe. Sein tägliches Morgenstart-Ritual selbst entwickeln zu können, gilt als konstruktiver Umgang mit der eigentlich ängstigenden morgendlichen Trennung von den Eltern.

Dieser Start ist gleichzeitig die Voraussetzung, um die neue Umgebung, den Weltenwechsel zum Lernen nutzen und Interesse an den anderen Kindern und ihren Aktionen zeigen zu können. Das Bemerken und interessierte Verfolgen ihrer bereits gewählten Tätigkeiten sowie die für die Kinder bewusst lockend angespielten Bereiche scheinen nicht nur spannende „Eye-Catcher" zu sein, sondern auch zur Beruhigung und Stabilisierung beizutragen.

Die anderen Kinder können helfen

Eine Mitspieleinladung von anderen Kindern zu bekommen, wird von vielen Mädchen und Jungen von Anfang an begeistert wahr- und angenommen und hat eine hohe emotionale Bedeutung. Dass der Einstieg in eine Spielgruppe für ängstliche Kinder dennoch eine Hürde darstellen kann, scheinen auch ältere Kinder zu wissen und einzukalkulieren: „Wenn

> Voraussagbare Reaktionen und eine verlässliche Beantwortung verringern die Ängste der Kinder.

kindergarten heute - Das Fachmagazin

- Fundiertes Fachwissen zu aktuellen Themen
- Praxisbeiträge aus dem Kita-Alltag
- Impulse für die Praxis

❍ **Ja,** ich möchte **kindergarten heute** regelmäßig lesen. Ich erhalte 10 Ausgaben im Jahr zum Preis von 64,50 € (für Auszubildende 46,- €) zzgl. 12,50 € Porto. (KGABOSP)

Kein Risiko! Das Abonnement ist jederzeit kündbar. Das Geld für nicht gelieferte Ausgaben wird Ihnen zurückerstattet.

Preise gültig bis 31.12.2020

kindergarten heute - Das Leitungsheft

- Hilfreiche Tipps für die Teamführung und Zusammenarbeit mit Eltern und Trägern
- Professionelle Methoden für Leitungsaufgaben
- Strukturierte Organisation von Prozessen

❍ **Ja,** ich möchte **Das Leitungsheft** regelmäßig lesen. Ich erhalte 4 Ausgaben im Jahr zum Preis von 44,80 € zzgl. 5,- € Versandkosten. (KLNPSP)

❍ **Ja,** ich bin AbonnentIn von **kindergarten heute** und möchte **Das Leitungsheft** zum **Vorzugspreis** von 36,- € zzgl. 5,- € Versandkosten abonnieren. (KLVPSP)

Kein Risiko! Das Abonnement ist jederzeit kündbar. Das Geld für nicht gelieferte Ausgaben wird Ihnen zurückerstattet.

Preise gültig bis 31.12.2020

kindergarten heute - Wenn Eltern Rat suchen

- Hilfestellung für Beratungsgespräche mit Eltern
- Ein Thema - auf 8 Seiten kompetent erklärt
- Mehrperspektivisch, individuell und zielorientiert
- Schritt für Schritt - gemeinsam Lösungen finden

❍ **Ja,** ich möchte **Wenn Eltern Rat suchen** regelmäßig lesen. Ich erhalte 4 Ausgaben im Jahr zum Preis von 21,60 € zzgl. 3,80 € Versandkosten. (KWNPSP)

❍ **Ja,** ich bin AbonnentIn von **kindergarten heute** oder **Das Leitungsheft** und möchte **Wenn Eltern Rat suchen** zum **Vorzugspreis** von 19,80 € zzgl. 3,80 € Versandkosten abonnieren. (KWVPSP)

Kein Risiko! Das Abonnement ist jederzeit kündbar. Das Geld für nicht gelieferte Ausgaben wird Ihnen zurückerstattet.

Preise gültig bis 31.12.2020

Absender:

Vor- und Zuname

Straße

PLZ/Ort

(Auszubildende: Ausbildung endet ca. 20___)

❒ Ich wünsche Bankeinzug

Konto-Nr. Bankleitzahl

Bankinstitut

❒ Ich überweise nach Erhalt der Rechnung

Datum ✗ Unterschrift

Bitte mit € 0,60 frankieren, falls Marke zur Hand.

Deutsche Post

ANTWORT

Verlag Herder
KundenServiceCenter

79080 Freiburg

Absender:

Vor- und Zuname

Straße

PLZ/Ort

(Auszubildende: Ausbildung endet ca. 20___)

❒ Ich wünsche Bankeinzug

Konto-Nr. Bankleitzahl

Bankinstitut

❒ Ich überweise nach Erhalt der Rechnung

Datum ✗ Unterschrift

Bitte mit € 0,60 frankieren, falls Marke zur Hand.

Deutsche Post

ANTWORT

Verlag Herder
KundenServiceCenter

79080 Freiburg

Absender:

Vor- und Zuname

Straße

PLZ/Ort

(Auszubildende: Ausbildung endet ca. 20___)

❒ Ich wünsche Bankeinzug

Konto-Nr. Bankleitzahl

Bankinstitut

❒ Ich überweise nach Erhalt der Rechnung

Datum ✗ Unterschrift

Bitte mit € 0,60 frankieren, falls Marke zur Hand.

Deutsche Post

ANTWORT

Verlag Herder
KundenServiceCenter

79080 Freiburg

kindergarten heute - *wissen kompakt*

– Themenheft zu fachwissenschaftlichen Inhalten

Ja, senden Sie mir bitte zum Preis von jeweils 14,99 € (zzgl. Porto)

____ Ex. **Kinderängste** (P00 7922)
____ Ex. **Wie Kinder Denken** (P00 7971)
____ Ex. **Vom Säugling zum Schulkind** (P00 7724)
____ Ex. **Offene Arbeit in der Kita** (P00 6973)
____ Ex. **Wahrnehmungsstörungen** (P00 1800)
____ Ex. **Auffälliges Verhalten** (400 1749)
____ Ex. **Vielfalt und Inklusion** (400 1673)
____ Ex. **Das Spiel des Kindes** (400 1665)
____ Ex. **Kindeswohlgefährdung** (400 1533)
____ Ex. **Sprachentw. u. -förderung** (400 1384)
____ Ex. **Entwicklungsförd. d. Bewegung** (400 1178)
____ Ex. **Kinder unter 3** (400 1061)
____ Ex. **Feinfühligkeit** (400 1095)
____ Ex. **Beobachten und dokumentieren** (400 0923)
____ Ex. **Pädag. Handlungskonzepte** (400 1798)

Ab 5 Exemplaren einer Ausgabe gelten unsere günstigen Mengenpreise. Rufen Sie uns einfach an: 0761 / 2717 474.

kindergarten heute - *praxis kompakt*

– Themenheft für den pädagogischen Alltag

Ja, senden Sie mir bitte zum Preis von jeweils 12,99 € (zzgl. Porto)

____ Ex. **Praktikanten anleiten** (P00 7989)
____ Ex. **Naturwissenschaften**(P00 7898)
____ Ex. **Eine Kita für alle** (P00 7914)
____ Ex. **Medienwerkstatt** (P00 7948)
____ Ex. **Mein Start in der Kita** (P00 7757)
____ Ex. **Wir kennen unsere Rechte!** (P00 6999)
____ Ex. **Schwierige Entwicklungsschritte** (P00 6908)
____ Ex. **Kinder bis drei J. in Krippe u. Kita** (P00 6965)
____ Ex. **Essen bildet!** (P00 6957)
____ Ex. **Kita-Kinder begegnen Tieren** (P00 6924)
____ Ex. **Schulkindbetreuung in der Kita** (400 5344)
____ Ex. **Beschwerdeverfahren f. Kinder** (400 5328)
____ Ex. **Projektarbeit m. Kleinstkindern** (400 3984)
____ Ex. **Portfolioarbeit** (400 3976)
____ Ex. **Bewegungsförderung** (400 3950)
____ Ex. **Nachhaltige Entwicklung** (400 4891)
____ Ex. **Partizipation in Kita und Krippe** (400 6581)
____ Ex. **Raumgestaltung in der Kita** (400 6516)

Ab 5 Exemplaren einer Ausgabe gelten unsere günstigen Mengenpreise. Rufen Sie uns einfach an: 0761 / 2717 474.

kindergarten heute - *leiten kompakt*

– Themenheft zu Methoden und Organisation

Ja, senden Sie mir bitte zum Preis von jeweils 12,99 € (zzgl. Porto)

____ Ex. **Konzeption** (P00 7856)
____ Ex. **Mit Freude, Erfolg eine Kita leiten** (P00 7740)
____ Ex. **Rund ums Geld in der Kita** (P00 7716)
____ Ex. **Teamentwicklung** (P00 6981)
____ Ex. **Gesprächsführung** (P00 3202)
____ Ex. **Ein Familienzentrum leiten** (400 2994)
____ Ex. **Teamsitzungen vorbereiten** (400 2986)
____ Ex. **Arbeitsrecht** (400 2895)
____ Ex. **Moderation/Teamarbeit** (400 2879)
____ Ex. **Beurteilungen & Zeugnisse** (400 2861)
____ Ex. **Die häufigsten Rechtsfragen** (400 2846)
____ Ex. **Veränderungsprozesse** (400 2853)
____ Ex. **Profilentwicklung** (400 2432)
____ Ex. **Personalführung und -entwicklung** (400 2465)
____ Ex. **Rechtsfragen aus dem Kita-Alltag** (400 2846)

Ab 5 Exemplaren einer Ausgabe gelten unsere günstigen Mengenpreise. Rufen Sie uns einfach an: 0761 / 2717 474.

Meine Adresse:

Vor- und Zuname

Straße

PLZ/Ort

Telefon E-Mail

Datum Unterschrift KG-MBH2020W

Infos unter: www.herder.de/kiga-heute/sonderhefte

Bitte mit € 0,60 frankieren, falls Marke zur Hand.

Deutsche Post
ANTWORT

Verlag Herder
KundenServiceCenter

79080 Freiburg

Meine Adresse:

Vor- und Zuname

Straße

PLZ/Ort

Telefon E-Mail

Datum Unterschrift KG-MBH2020P

Infos unter: www.herder.de/kiga-heute/sonderhefte

Bitte mit € 0,60 frankieren, falls Marke zur Hand.

Deutsche Post
ANTWORT

Verlag Herder
KundenServiceCenter

79080 Freiburg

Meine Adresse:

Vor- und Zuname

Straße

PLZ/Ort

Telefon E-Mail

Datum Unterschrift KG-MBH2020L

Infos unter: www.herder.de/kiga-heute/sonderhefte

Bitte mit € 0,60 frankieren, falls Marke zur Hand.

Deutsche Post
ANTWORT

Verlag Herder
KundenServiceCenter

79080 Freiburg

du fertig bist mit Weinen, kannst du bei uns mitspielen!" (Beobachtungszitat). Es zeigt aber auch, dass allen Kindern klar ist, dass man anfangs eher ängstlich, zumindest traurig ist, schreit oder weint oder alles wegwirft. Aber auch, dass jedes Kind nach seiner individuellen Ankommzeit Spielbereitschaft und Ansprechbarkeit auf seine Weise signalisiert.

Die neue Beziehung zur Fachkraft muss sich in diesen kindlichen Gefühlskonflikten und unter Belastungen, d. h. im direkten Zusammenhang mit Startanforderungen an das Kind, erst noch bewähren. Deshalb stellt gerade der Umgang mit dem ängstlichen, gestressten, bedürftigen Kind die Beziehungsweichen, auch wenn es manchmal seine Angst mit eher abschreckender Wut tarnt. „Kann meine neue Bezugsperson mich trösten, beruhigen, auffangen?" Die positive Beantwortung dieser Frage ist eine wichtige Voraussetzung, um die neue Umgebung zum Lernen nutzen und Interesse an den anderen Kindern und ihren Aktionen zeigen zu können, was auch bedeutet, für die Kindergruppe attraktiv zu werden. Irgendwann kommt bei jedem Kind der Moment, in dem es merkt: Kita, das ist jetzt jeden Tag so! Jetzt hängt es – höchst individuell – von seinen bisherigen Erfahrungen und seiner responsiven Begleitung ab, ob bald glückliche Momente im Vordergrund stehen oder weiterhin die Angst dominiert. Denn um Malte Mienert zu zitieren: „Die Angst am Brennen zu halten, ist Gruselpädagogik."

4. Eine restriktive Erziehung ängstigt

Wenn wir in Kitas gehen, hören wir auch Sätze wie diesen: „Sven ist manchmal ein böses Kind. Deshalb habe ich Angst vor ihm!" Bevor es zu dieser Aussage kam, muss einiges vorgefallen sein. Reflektiert das Team auch, wie es Sven geht, wenn er diese Aussage hört? Die Angst, immer wieder zu hören, etwas falsch gemacht zu haben, wieder nicht zugehört zu haben, unterstellt zu bekommen, etwas mit böser Absicht getan zu haben, wieder nicht lieb gewesen zu sein, kann nicht nur bedrückend wirken, sondern Angst machen: nicht geliebt, nicht akzeptiert zu werden. In manchen Kitas ist leider immer noch das vor der Gruppe Vorgeführtwerden eines Kindes üblich. Beispielsweise die Verwarnungen im Morgenkreis, bei denen alle Kinder genau wissen, dass es bald „nicht mehr gut geht" mit Otto oder Otto heute wieder neben Frau Lampe sitzen muss, weil er sonst wieder nur stört. Was das bedeutet, weiß jedes Kind und lernt schnell, wie es dieses Wissen an geeigneter Stelle und in geeigneten Situationen auch gegen Otto einsetzen kann.

Wenn die Erziehung restriktiv ist, das Kind damit konfrontiert wird, dass es heute wieder nicht gut gegangen ist, es mal wieder böse gewesen ist, wenn also sein bekanntes Fehlverhalten erneut „aufgerufen" und dadurch an die Konsequenzen erinnert wird wie auch an die demütigende Strafe,

> Eine restriktive Erziehung kann Kinder in panische Angst versetzen.

die ja offensichtlich wieder nichts genützt hat, kann dies ein Kind in panische Angst versetzen. Es geht um die Angst vor machtvoll betriebener „Hexenjagd", vor Bestrafung und sozialer Isolation, die mit Sicherheit nicht zu einer positiven Verhaltensänderung in Überforderungssituationen führen kann.

Time-out-Maßnahmen sind zu Recht für die Altersgruppen Krippe und Kita – für die sie ursprünglich nie erarbeitet wurden – massiv in Misskredit geraten. Von verschiedenen Disziplinen wird die Frage diskutiert: Soll/darf von einer Fachkraft in der Gruppenpädagogik ein sozialer Ausschluss aus dem Gruppengeschehen, eine angeordnete Isolation als Bestrafung bei einem Kleinkind angewandt werden? Der theoretische Hintergrund: Ein Time-out soll das Kind zur Ruhe kommen lassen und deshalb wird angeraten, erregende Reize aus dem Umfeld zu minimieren. Was dabei zu wenig bedacht wird, ist die im Gruppengeschehen sich für alle manifes-

DEN KINDERN DIE ANGST VOR BESTIMMTEN RÄUMEN NEHMEN

Angst vor oder in Kita-Räumen sollte es nicht geben. Obwohl sie groß, oft recht laut und hoffentlich nicht alle gleich sind, sollten sie höchst vielfältig genutzt und dadurch variabel erlebt werden können.

- In jedem Raum sollte jedes Kind im Blick zumindest einer Fachkraft sein, die ihm empathisch und wertschätzend bei seinem Tun zur Seite steht und mit ihm auf seine Weise kommuniziert.
- In jedem Raum sollte die Persönlichkeit eines Kindes, sein aktuelles Tun, seine momentanen Themen und seine tagesaktuelle Befindlichkeit gesehen, begleitet und beantwortet werden.
- So sollte ein Kind in jedem Raum seine Bedürfnisse und Wünsche, aber auch seine Ängste und momentanen Sorgen bereits non-verbal und später auch verbal frei äußern können – denn das ist eine wichtige Voraussetzung für zunehmende Selbstregulation und damit Stressbewältigung in einer Gruppe.

tierende soziale „Außenseiterposition" des mit einem Time-out bestraften Kindes. Beschämung und Isolation tragen dazu bei, das aus dem Konflikt kommende Kind erneut zu überfordern, da jetzt die Angst aufkommt, wie die Kindergruppe nach seiner Rückkehr aus dem Time-out mit ihm umgehen wird und ob ihm ein Wiedereinstieg, der meist allein bewältigt werden muss, gelingen kann. Daher wird es als responsiver und nachhaltiger gesehen, die Schwierigkeiten der den Streit auslösenden Situation für alle Beteiligten aufzuzeigen, die ja auch der Grund für das Fehlverhalten des Kindes waren, und gemeinsam durch Lösungsmöglichkeiten ohne Angst weiterspielen zu können. Empathie ist auch hier sinnvoller als Strenge und Strafen. Wenn ein Kind in Situationen, in denen es unsere Regulationshilfe am nötigsten hätte und begleitet werden sollte, alleingelassen wird, alles allein hinbekommen muss, versagt jede Pädagogik (vgl. Römer 2017, S. 38). Immer wieder ist zu hören und zu beobachten, dass z. B. auch Beißzwischenfälle von Kleinstkindern als höchst aggressiv eingestuft und mit einem zeitlich begrenzten Kontaktabbruch bestraft werden. Auch in diesem Fall wird die Beziehung infrage gestellt und Stressreduktion und Mitregulationshilfe entfallen in Zeiten höchster Erregung, was eine Steigerung des Angstpegels bedeutet!

5. Entwicklungswissen hilft

Auch beim Thema Angst ist Entwicklungswissen hilfreich: Ab wann können Kinder sich beispielsweise vorstellen, dass andere Kinder einen Wunsch haben, der von ihrem eigenen abweicht, diesem sogar vehement widerspricht (z. B. dass das mitspielende Kind keine Freude, sondern Angst vor den Spielideen des anderen Kindes hat)? Ab wann können sie sich vorstellen, dass andere Kinder etwas anderes bei einer gemeinsamen Handlung beabsichtigen als sie? Dass andere ein Ziel verfolgen, das sich mit ihrem decken, diesem aber genauso im Weg stehen kann? Dass andere mitunter gedanklich von einer anderen Ausgangssituation ausgehen und deshalb einen anderen Zusammenhang vermuten, daraufhin anders planen, anders handeln und die Situation völlig anders beurteilen (z. B. nur angstmachend)?

Die Theory-of-Mind-Forschung liefert hierzu klare Ergebnisse:

- Ab 2 Jahren können die meisten Kinder ihre eigenen Wünsche und Absichten benennen. Es braucht aber noch einige Monate und soziale Unterstützung, bis sie bemerken, dass sich ihre Vorstellungen von denen der anderen Kinder unterscheiden können, sie also mindestens zwei Ideen, zwei Wünsche, zwei Pläne oder zwei Absichten berücksichtigen müssen, wenn es gemeinsam weitergehen soll.
- Im Alter von 3 bis 4 Jahren bemerkt ein Kind, dass eine Person sich unerwartet verhält, weil ihr nötige Informationen fehlen. Es schlussfolgert aber erst ein bis zwei Jahre später, dass sie aufgrund dieser fehlenden Informationen von einer falsch eingeschätzten Ausgangssituation ausgehen wird.

Andere Kinder, vor allem auch andere Altersgruppen im Alltag zu erleben, scheint wichtig zu sein, denn Kleinkindern, die ältere Geschwister haben oder in einer Kitagruppe sind, in der auch 4-, 5- und 6-Jährige in nächster Nähe agieren und Konflikte verbal aushandeln, scheint es leichter zu fallen, die jeweils unterschiedlichen Gefühle und Beweggründe ihrer Kontrahent*innen zu erkennen und unterscheiden zu können, was ihnen viele Angstsituationen erspart.

6. Übergänge feinfühlig begleiten

Unter Mikrotransitionen werden die vielfältigen kleinen Übergänge verstanden, denen jedes Kind im Alltag ausgesetzt wird. Neben Betreuungs- und Umgebungswechseln geht es dabei auch um den Wechsel der eigenen Verhaltenszustände (müde werden, einschlafen, wach werden, hellwach sein …), des physiologischen Zustands (hungrig, satt …), das Erleben von Pflegemaßnahmen, von Aktivitätswechseln (z. B. Angebots- und Freispielzeiten) und Unterbrechungen (vgl. Gutknecht/Kramer 2018). Passende Begleitungen bei kleinen täglichen Übergängen und Raumwechseln gelingen, wenn sie für je-

Auch der morgendliche Abschied kann als Übergang herausfordern

TIPPS FÜR ANGST- UND STRESSFREIE MIKROTRANSITIONEN
(vgl. Gutknecht/Kramer 2018)

- Übergänge responsiv gestalten (Modellwirkung der Erwachsenen, z. B. beim Spannungsabbau und als Regulationshilfe)
- Anstehende Übergänge für den Tag transparent machen und kommunizieren, z. B. Wechsel von Betreuungspersonen („Wer ist heute da?")
- Übergänge konkret ankündigen (Klang, visuelles Zeichen ...)
- Ankommens-, Abschieds-, Übergangsrituale
- Übergangswege attraktiv gestalten
- Crowding-Effekte (Dichtestress) vermeiden; attraktive Ankerplätze für wartende Kinder schaffen
- Genügend Zeit für stressfreien Übergang ermöglichen

des Kind höchst individuell und somit diversitätsbewusst angegangen werden, um auf eventuell bemerkte Unsicherheiten sofort reagieren zu können. So können Ängste vermieden und positive Erfahrungen „nachgelegt" werden.

Das gilt es zu beachten
Über folgende Aspekte sollten sich die Fachkräfte im Team regelmäßig austauschen:

- Bietet der Startraum genügend Schutz? Stimmt seine Größe, ist er gut überschaubar, sodass gerade die jungen Kinder nicht ständig mit der Blickkontaktsuche zur erwachsenen Bezugsperson beschäftigt sind?
- Anfangs nur im Eingangsbereich zu bleiben, im Flur zu spielen (hoffentlich ist er nicht zu wuselig!), nimmt einigen Kindern die Angst und tut der Eingewöhnung gut („Ich habe alles im Blick, auch Mama oder Papa und auch den Eingang, zu dem wir heute Morgen reingekommen sind und später wieder nach Hause gehen werden!").
- Um Angst zu vermeiden, lohnt es sich, genau auf die tagesaktuellen kindlichen Signale zu achten (z. B. „Achtung, der Flur ist mir heute zu laut und hektisch! Wir müssen einen für mich besseren Platz finden, ich werde sonst unruhig!").
- Wo sind die ruhigeren Bereiche, die einige Kinder nicht nur in der Startzeit mehrmals täglich eigenständig aufsuchen? Gesucht werden Rückzugsnischen, kleine Bereiche, bewusst für nur ein oder zwei Kinder attraktiv „angespielt".
- Gerade in der erweiterten oder großen Altersmischung muss es Phasen geben, in denen die U3-Kinder, die sich in der Turnhalle oder an Spielgeräten im Außengelände auffallend zurückhalten, wenn die Großen das Terrain besetzen, angstfrei eigenen Aktivitätsideen nachgehen können. Immer wieder bewusst durchgeführte Trennungen der Altersgruppen mit separaten Angeboten können den altersspezifischen Bedürfnissen besser Rechnung tragen.
- Gemäß unseren Beobachtungen ist die Startsituation am Morgen noch zu wenig reflektiert und deshalb zu wenig sensitiv gestaltet: In den ersten 30 oder 45 Minuten nach Öffnung der Einrichtung ist nur das Ankunftszimmer geöffnet, das täglich wechseln kann – je nachdem, wer vom Team Frühdienst hat. Für das Kind bedeutet dies, mitunter in einem „fremden" Raum starten zu müssen, was gerade für jüngere Kinder oft schwierig ist.

> Durch die einfühlsame Begleitung von Mikrotransitionen können Ängste vermieden werden.

Mikrotransitionen sind Herausforderungen und bieten gleichzeitig vielfältige Lerngelegenheiten für die Kinder. Sie sind häufig mit Stress verbunden und erfordern eine sorgfältige Planung, damit das Bildungspotenzial der kleinen Übergänge genutzt werden kann und die Kinder in ihrer Selbstregulationsfähigkeit nicht überfordert werden. Kinder mit besonderem Unterstützungsbedarf (z. B. mit Autismus-Spektrum-Störung) sollten dabei besonders aufmerksam wahrgenommen und intensiv begleitet werden, da sie schneller als andere Kinder dazu neigen, in Panik zu geraten, wenn Brüche im Alltag auftauchen und gewohnte Pfade verlassen werden.

7. Wenn die Angst behandlungsbedürftig ist

■ **Fallbeispiel:** Der 5-jährige Jonas ist anders als die anderen Kinder in der Kita; das merken die pädagogischen Fachkräfte bald in vielen Alltags- und Spielsituationen. Meist meidet er beim Begrüßen den Blickkontakt und wendet sich vom Gegenüber schnell ab, um sich intensiv mit ganz speziellem Spielmaterial zu befassen. Seine Favoriten sind fahrende Autos, rollende Bälle und wirbelnde Kreisel. Mit Rollenspielen kann er nichts anfangen und beobachtet diese altersgemäß präferierte Spielform bei anderen Kindern eher irritiert. Auch mit den für den Kita-Alltag typischen Übergängen kommt er nicht gut klar. Ob dies an den von ihm – wie von allen Kindern – erwarteten Situationswechseln zwischen Freispielzeit, Angeboten, Raumwechseln, Klein- und Großgruppenangeboten, Öffnung des Außengeländes oder an jeder Form der Unterbrechung seines intensiven Tuns liegt, ist nicht zu entscheiden. Jonas will sich auf nichts Neues, auf keine Veränderung oder gar Überraschung einlassen. Kommt er in eine derartige Situation, beginnt er wahllos, andere Kinder zu ärgern – auch Kinder, an denen er ansonsten wenig Interesse zeigt.

> Extreme Angst vor Veränderung kann ein Begleitsymptom einer Autismus-Spektrum-Störung sein.

Bei Jonas liegt der Verdacht auf eine Autismus-Spektrum-Störung vor, die Eltern haben den Erzieherinnen bereits von der anstehenden medizinischen Abklärung berichtet. Schon als er noch ein Baby war, fiel auf, dass sein reaktives Lächeln ausblieb und er oft unerklärliche Wein- und Schreiphasen hatte. Auch seine imitierenden Gesten in Interaktionen seien viel sparsamer gewesen als bei seiner großen Schwester. Seine Eltern vermuteten anfangs eine Hörschädigung (Taubheit). ■

Extreme Angst vor Veränderung kann, wie in Jonas Beispiel, ein Begleitsymptom einer Autismus-Spektrum-Störung sein. Kinder, die davon betroffen sind, zeigen weiteres entwicklungsabweichendes Verhalten. Am eindrücklichsten ist ein fehlendes soziales Lächeln, Vermeiden des Blickkontakts, verarmte Mimik und Gestik sowie Schwierigkeiten im „So-tun-als-ob"-Spiel. Die Ursache hierfür ist bei autistischen Kindern eine deutlich veränderte Wahrnehmung der Welt. Viele Außenreize erleben sie als sehr bedrängend und verarbeiten sie hochsensibel. Das sei wie „ein Sturm im Kopf", beschrieb das ein inzwischen erwachsener Autist. Oft sehen sie Details sehr scharf, denken immer wieder über diese nach, können jedoch keine schlüssigen Zusammenhänge erkennen und Schlussfolgerungen für ihr weiteres Handeln entwickeln. Das Interesse an anderen Kindern ist meist gering. Die Fähigkeit, soziale Signale in der Kommunikation zu verstehen, ist wenig ausgeprägt. Dabei macht die Diagnose „Autismus-Spektrum-Störung" deutlich, dass es einen großen Bereich unterschiedlicher Ausprägungen dieser Störung gibt. Wenn mit der Beeinträchtigung keine geistige Behinderung einhergeht, sind die Kinder kognitiv sogar besonders gut erreichbar und beeindrucken durch ihre große intellektuelle Reife.

Inzwischen wird viel darüber diskutiert, ob eine Autismus-Spektrum-Störung wirklich als Störung oder nicht sinnvoller als Wahrnehmungsbesonderheit zu begreifen ist. Der pädagogische Umgang mit diesen ganz unterschiedlichen Kindern kann sehr herausfordernd sein und benötigt oft sonderpädagogische Förderung, die in die Kita inklusiv integriert werden sollte. Voraussetzungen dafür, dass sich Jonas in seiner Kita wohlfühlen konnte, waren:

- Verständnis der pädagogischen Fachkräfte und der anderen Kinder für seine Andersartigkeit
- Die Möglichkeit, Rückzugsräume jederzeit aufsuchen zu können, da autistische Kinder immer wieder Reizarmut benötigen
- Sicherheit in kleinen verlässlichen Bezugsgruppen
- Klare Ansagen bei notwendigen Transitionen, veranschaulicht durch visuelle Hinweiskärtchen, die stichwortartig die Tagesmodule abbilden: z. B. den Morgenkreis, das Freispiel, die Öffnung bestimmter Bereiche, das Frühstück …
- Im Gespräch erleichtern Klarheit und Kategorienbildung das Bedürfnis von Jonas, die Welt logisch zu begreifen: „Alle Kinder gehen jetzt zum Morgenkreis!", „Jeder isst hier, so viel er will", „Wenn du mit dem Auto spielen willst, das Lars hat, fragst du ihn immer, ob du es haben kannst. Das machen wir hier so. Wenn er Nein sagt oder sauer wird, kommst du gleich zu mir. Ich helfe dir immer, solche Dinge zu klären."
- Eine auf autistische Kinder spezialisierte Heilpädagogin, die von der Frühförderung finanziert wurde, konnte Jonas regelmäßig dabei unterstützen, soziale Signale der anderen Kinder zu deuten, die für ihn intuitiv nicht zugänglich waren, und so Kontakte ermöglichen. Diese Expertin war auch für die Fragen der betreuenden Fachkräfte zuständig.
- Eine begleitende Autismus-Therapie fand zeitgleich im nahe gelegenen Autismus-Zentrum statt.
- Regelmäßige gemeinsame Helferrunden mit den Eltern und den verschiedenen Fachkräften waren wichtig.

ICD-10
F84: Tiefgreifende Entwicklungsstörungen

Die Weltgesundheitsorganisation WHO zählt Autismus grundsätzlich zu den tiefgreifenden Entwicklungsstörungen, die sich in aller Regel schon in der Kindheit bemerkbar machen. Welche Symptome genau auftreten und wie stark sie die betroffene Person im Einzelnen beeinträchtigen, ist aber sehr verschieden. Daher wird in der Medizin inzwischen auch von einer Autismus-Spektrum-Störung gesprochen.

VI

Angst vor dem Unbekannten

Die Angst vor Neuem ist eine normale Begleiterscheinung des kindlichen Alltags und legt sich mit der Zeit meist von selbst wieder. Diese sogenannte Neophobie kann sich auf Spielmaterialien, Nahrungsmittel, fremde Toiletten oder auf Situationen wie das Schlafen außer Haus beziehen.

1. Offenheit für Neues

Ob neue Erfahrungen positiv und neugierig angenommen werden oder eher vorsichtig und ängstlich, entscheidet sich in der frühen Kindheit. Das Muster, mit welcher Offenheit wir üblicherweise auf neue Erfahrungen reagieren, entwickelt sich dabei besonders stark in den ersten beiden Lebensjahren. Die entsprechende kritische Periode der Hirnentwicklung hält aber noch ungefähr bis zum 5. Geburtstag weiter an (vgl. Doherty 1997). Der Wille und die Beharrlichkeit, neue Erfahrungen zu machen, sowie die generelle vertrauensvolle oder eher vorsichtige Einstellung des Kindes zum Leben ist dabei auch abhängig von den in der Familie gemachten Bindungserfahrungen.

Die Persönlichkeitseigenschaft „Offenheit für Erfahrungen" bildet zusammen mit Extraversion, Verträglichkeit, Gewissenhaftigkeit und Neurotizismus die fünf Hauptdimensionen der Persönlichkeit (Big Five). Menschen mit großer Offenheit werden charakterisiert durch Adjektive wie

- einfallsreich, originell, erfinderisch, fantasievoll
- intellektuell neugierig, offen für neue Ideen
- interessiert an Ästhetischem wie Kunst, Musik und Poesie
- mit Vorliebe für Abwechslung (statt Routine), Neigung zu neuen Aktivitäten, neuen Reisezielen, neuem Essen usw.
- aufmerksam für eigene und fremde Emotionen

(vgl. Bosley/Kasten 2018)

Die Angst vor Neuem (Neophobie) ist eine normale Begleiterscheinung des kindlichen Alltags (vgl. Baer 2018). Neue Erfahrungen zu sammeln ist essenziell für die kindliche Entwicklung. Diese ist sinnvollerweise aber auch oft mit einer gewissen Vorsicht oder Angst verknüpft, um sich mit neuen Erfahrungen kritisch und prüfend auseinanderzusetzen. Das Neue kann schließlich auch eine Bedrohung sein. Für das Kita-Leben ist dabei die begleitende Haltung der pädagogischen Fachkraft entscheidend, die dem Kind nicht die Angst nehmen, sondern es darin unterstützen sollte, seinen Weg zu finden, damit umzugehen. Wie können wir gemeinsam herausfinden, ob etwas Neues gefährlich ist oder nicht? (vgl. ebd.)

NEUES – FASZINIEREND UND FURCHTEINFLÖSSEND ZUGLEICH

„Anusch ist vier Jahre alt. Ihr Freund Piotr hat ein neues Spielzeug mit in die Kita gebracht. Es ist ein selbstfahrender Roboter, der von einer Batterie angetrieben wird und sich bewegt. Er blinkt und gibt unterschiedliche Geräusche von sich. Anusch ist aufgeregt und macht große Augen. Sie schaut das neue Spielzeug an und weiß nicht, was sie davon halten soll. Auf der einen Seite ist sie fasziniert. Sie hört neue Geräusche, sieht einen neuen Gegenstand mit neuen Bewegungen und staunt darüber, was dieser Roboter so alles kann. Auf der anderen Seite weiß sie nicht, ob sie dem Ding trauen kann, ob es gefährlich ist. Sie ist hin- und hergerissen: Sie ist sehr neugierig, hält aber vorsichtshalber einen Sicherheitsabstand zu dem Roboter" (Baer 2018, S. 30).

2. Angst vor neuen Nahrungsmitteln

In Sachen Nahrungs-Neophobie, also der Angst vor unbekannten Nahrungsmitteln und Speisen, gibt es ein evolutionäres Erbe, ein sogenanntes Vorsichtsprogramm (vgl. Renz-Polster 2009, 2011). Es gibt also eine entwicklungsbedingte Neophobie. Bis etwa zum 6. Lebensmonat, wenn das Kind immer in der Nähe seiner primären Bezugsperson oder auf ihrem Arm ist, wird alles probiert: Olivenstücke, Pesto, Zitronenscheiben. Beginnt das Kind, öfter allein zu sein, weil es zunehmend mobiler wird, startet die „sehr gesunde Neophobie". Kinder greifen dann bevorzugt nach Dingen, die sie schon kennen, und verweigern die Aufnahme noch unbekannter Nahrungsmittel. Das bedeutet, dass ab etwa 1½ Jahren bei vielen Kindern das Essspektrum nun längere Zeit völlig eingeschränkt ist. Im späten Kleinstkind- und Kindergartenalter erreicht die Skepsis gegenüber Neuem ihr Maximum (vgl. Renz-Polster 2009). Neue, geschmacklich komplexe und bitter schmeckende Nahrungsmittel und Speisen werden oft komplett abgelehnt. Erst zwischen 8 und 12 Jahren weitet sich der Wahlhorizont wieder.

> In Sachen Nahrungs-Neophobie gibt es ein evolutionäres Erbe.

Nicht alles, was man beim Erkunden findet, gleich zu essen, war zu Beginn der Menschheitsgeschichte ein essenzieller Schutz, oft der Grund, warum man überlebte und warum diese „sehr vorsichtigen Esser*innen" ihre Gene in die nächste Generation bringen konnten. Auch die Abneigung gegen grünes Gemüse und Bitterstoffe ist uns angeboren. Herbert

DIE FÜNF REGELN DER EVOLUTION ZU ESSEN UND ÜBERLEBEN
(vgl. Renz-Polster 2009, S. 26)

- Bevorzuge „Überlebensnahrung": süße, energiereiche Lieblingsspeisen, die gut sättigen.
- Iss nur, was du kennst, und hüte dich vor Bitterem – denn darin könnten größere Mengen an Giftstoffen stecken.
- Wenn du etwas Neues probieren musst, nimm nur einen winzigen Bissen oder lass es lieber!
- Iss, was deine Eltern, Geschwister und Freund*innen essen – damit liegst du vermutlich richtig.
- Meide möglichst, was dir schon einmal den Magen verdorben hat.

Renz-Polster spricht von „Achtung, Grün!". Hier handelt es sich um eine genetisch bedingte aversive Verhaltensdisposition, die einen grüne Nahrungsmittel längere Zeit ablehnen lässt, weil in den grünen Pflanzenteilen besonders viele Giftstoffe enthalten sein können, da die Pflanze z. B. noch unreif ist oder von Bakterien befallen wurde. Dass das Meiden neuer Nahrungsmittel sich tatsächlich aus der Angst speist, bestätigen Studienergebnisse, die zeigen, dass schüchterne und ängstliche Kinder davon am stärksten betroffen sind (vgl. Pliner/Loewen 1997).

Gelassen bleiben!

Der Wunsch von Eltern oder Fachkräften, das Essensspektrum eines/einer Essensspezialist*in zu erweitern, ist nachvollziehbar. Aber Vorsicht, es kann gefährlich sein, probieren zu müssen! So sind etwa Kohlgewächse wie Rosenkohl schwefelhaltige Senfgewächse, die kleinen Kindern nicht selten Bauchweh bereiten. Auf Abneigungen nicht zu achten, kann tatsächlich Allergien wecken und Unverträglichkeiten provozieren. Erst wenn die Kinder älter und ihre inneren Organe weniger anfällig gegenüber Giftstoffen sind und wenn die Nahrungsauswahl durch soziales Lernen abgesichert ist, kann sich der Geschmacks- und Wahlhorizont wieder erweitern (vgl. ebd.).

Auch Aufessen-Müssen über den Hunger hinaus – ohne Rücksicht auf Völle- oder Ekelgefühle – kann eine Sucht vorbereiten und rettet zudem kein Kind in Afrika oder Asien vor dem Verhungern. Jesper Juul hat in seinem Buch „Was gibt's heute? Gemeinsam Essen macht Familie stark" (2002) darauf hingewiesen, dass Eltern in der Zeit, in der ihre Kinder nur eine geringe Auswahl an Gerichten essen, häufig auch nur diese kochen. Damit schränken sie aber das kindliche Geschmackserleben immer mehr ein, anstatt Neugier und geschmackliche Flexibilität zu fördern.

Die Phase extremer Nahrungsspezialisierung geht umso schneller vorbei, je gelassener die Erwachsenen bleiben und je weniger sie sich abschrecken lassen, weiterhin Abwechslungsreiches anzubieten und es auch selbst zu essen. Die Studie von Carruth und Kolleginnen (2004) zeigte, dass kleine Kinder, die ein bestimmtes Nahrungsmittel zunächst ablehnten, es schließlich annahmen, wenn es ihnen in den nächsten Tagen noch etwa zehn (!) weitere Male angeboten wurde. „Angeboten bekommen" heißt dabei, selbst entscheiden zu dürfen, ob ich es nehme.

Das Erwachsenenvorbild reduziert Ängste

Erziehungsmittel Vorbild – gilt das auch fürs Essen? Ein Vorbild wird nur dann akzeptiert, wenn dahinter eine funktionierende Beziehung steht und der Erwachsene von dem, was er anregt zu tun, selbst überzeugt und begeistert ist. Das ist auch der Grund, weshalb viele Träger von Kitas darauf achten, dass Mahlzeiten pädagogische Arbeitszeiten sind. Das bedeutet, dass die Pause davor oder danach eingeteilt wird und dass zumindest der sogenannte pädagogische Happen von den Fachkräften mitgegessen werden sollte. Studien zeigen, dass 1- bis 4-Jährige ein neues Nahrungsmittel doppelt so häufig probieren, wenn ein freundlicher Erwachsener davon zuerst nimmt und sie sehen, dass die anderen Kinder oder Erwachsenen das Essen mögen (vgl. Hendy/Raudenbush 2000). Mimik und Gestik der Kinder sollten beantwortet und natürlich auch Gespräche beim Essen angeleitet und unterstützt werden. Die Vorbildfunktion ist riesengroß. Wie beispielsweise die Fachkraft dreinschaut und ob sie selbst vom gesunden Gemüse isst, während sie den Kindern die Speisen anbietet

> Ob neue Erfahrungen positiv angenommen werden, entscheidet sich in der frühen Kindheit.

und anpreist, ist ausschlaggebend dafür, ob ein Kind zugreift. Gemeinsames Essen bedeutet: „Alle machen das so, ich auch, ich gehöre dazu!" Außerdem die Erkenntnis: „Man traut mir zu, dabei zu sein, ich kann schon!" Deswegen ist es so wichtig, dass das Kind alle Verrichtungen, die es schon selbstständig ausführen kann (z. B. das Schöpfen von Speisen auf seinen Teller), auch allein tun darf – mit gut ausgewählten, funktionsgerechten Hilfsmitteln. Sich auch in diesem Bereich als selbstwirksam zu erleben, stärkt das Selbstvertrauen des Kindes und reduziert ängstliche Vorsicht.

Übergangsobjekte wie ein Stofftier wirken beruhigend

3. Schlafen außer Haus

Auch das (Ein-)Schlafen außer Haus ist für die Kinder eine Herausforderung und kann anfänglich mit Ängsten vor dem Unvertrauten einhergehen. Ein Grund, warum man in der Eingewöhnungsphase die Leistung „Schlafen können ohne Elternbegleitung" erst zu einem späteren Zeitpunkt vom Kind erwartet und sich erst einmal mit der Anforderung „Spielen können ohne Elternbegleitung" begnügt. Generell ist das Einschlafen in den ersten Lebensjahren nicht immer einfach und fordert das Selbstregulationsvermögen der Kinder heraus. Wenn im Kindergartenalter dann die sogenannte magische Phase beginnt, kommen noch die Ängste vor Monstern und der Dunkelheit hinzu (s. Kapitel III). Gerade Kinder, die vertraute Abläufe und gewohnte Strukturen für ihre Sicherheit brauchen, können sich damit schwertun, im Schlafbereich der Kita Ruhe zu finden. Der Raum sieht anders aus als das heimische Schlafzimmer und auch Geruch und Geräusche erscheinen „falsch". Vor allem aber fehlt die gewohnte Ko-Regulation durch Mutter oder Vater. Erste Hilfe können hier Übergangsobjekte von zu Hause leisten: das vertraute Stofftier, der Schlafschnuller, eine bekannte Melodie oder ein anderes Einschlafritual von zu Hause. Auch der Geruch eines von Mutter oder Vater getragenen Kleidungsstücks kann beruhigend wirken, vor allem wenn die Kinder daheim noch im Familienbett schlafen oder es zumindest gewohnt sind, in körperlicher Nähe eines Elternteils einzuschlafen. Hier ist eine gute Rücksprache mit den Eltern zu den gewohnten Einschlafhilfen des Kindes sehr wichtig.

> Übergangsobjekte können Erste Hilfe beim Schlafen außer Haus leisten.

Manche Kinder wollen partout außer Haus keinen Mittagsschlaf machen und wälzen sich, wenn man sie hinlegt, nur unruhig von einer Seite auf die andere oder verlassen einfach ihre Schlafstatt. Dies kann daran liegen, dass es den Fachkräften noch nicht gelingt, den Kindern ausreichend Sicherheit und Ko-Regulation zu bieten. Dann sollten die Bemühungen, den Kindern Beruhigung zu vermitteln, intensiviert werden. Eventuell kann auch an einen Wechsel der Schlafbetreuung gedacht werden. Auf jeden Fall muss der Übergang zum Mittagsschlaf – als eine Form von Mikrotransition – responsiv von den Fachkräften gestaltet werden, d. h., die Signale des Kindes müssen „gelesen" und feinfühlig und passend beantwortet werden (vgl. Kramer/Gutknecht 2016).

Einige Kinder haben vielleicht auch gar kein Mittagsschlafbedürfnis mehr, was sich leicht im Gespräch mit den Eltern klären lässt. Schlafstudien zeigen, dass bereits 13% der 2-Jährigen keinen Mittagsschlaf mehr brauchen (vgl. Iglowstein et al. 2003), dafür ist oft ihr Nachtschlaf etwas umfangreicher. Insgesamt hat jedes Kind ein individuelles, aber relativ stabiles „Schlafbudget", das nicht nach Belieben verkürzt oder verlängert werden kann. Egal, aus welchem Grund Kinder in der Kita nicht schlafen wollen: Ein „Schlafen-Müssen", also jede Form von Zwangsausübung, ist nicht nur eine Form der institutionellen Gewalt und damit eine Kindeswohlgefährdung (vgl. LVR 2019), sondern kann leicht dazu führen, dass „Schlafen" für das Kind zu einem angstbesetzten Thema wird, das sich durchaus auch auf den nächtlichen Schlaf zu Hause sowie auf die weitere Schlafentwicklung negativ auswirken kann.

4. Angst vor (fremden) Toiletten

Loslassen können ist nicht nur ein Thema beim Einschlafen oder der Eingewöhnung, sondern auch beim Toilettengang. Kinder in Krippe und Kindergarten müssen auf dem Weg zur Ausscheidungsautonomie achtsam begleitet werden (vgl. Gutknecht/Haug-Schnabel 2019), damit dieser wichtige Entwicklungsschritt nicht negativ oder gar angstbesetzt wird. Gut ein Viertel aller Kleinstkinder sind sogenannte Toilettenverweigerer, d. h., sie gehen zum Urinieren problemlos und meist unauffällig zur Toilette, verlangen aber vehement für das Absetzen des Stuhls eine Windel an einem geschützten, häufig nicht einsehbaren Platz (vgl. ebd.). Es ist überaus wichtig, derartige Verweigerungssituationen nicht zu einem Machtkampf werden zu lassen. Zieht sich der Erwachsene aus Angst vor einem Kontrollverlust in diesen Krisensituationen auf seine Machtposition zurück, kann das Kind nicht die sichernde Erfahrung machen, dass es sich – ohne Zuwendungsverlust – auch abgrenzen darf. Wenn Kinder die Sicherheit der Windel benötigen, sollten sie diese auch bekommen. Möglicherweise lassen sich manche Kinder auch ermutigen, die Toilette aufzusuchen, wenn vorher Toilettenpapier hineingelegt wurde. Das Papier kann bei den Kindern die Angst verringern, dass kaltes Wasser an ihren Po spritzt, wenn ihr Kot in die Schüssel fällt. Wenn die Toilette ein Flachspüler ist, also eine Keramikzwischenstufe aufweist, ist das Spritzen sowieso kein Thema.

> Bei der Furcht vor dem Kitaklo kann Scham oder Ekel eine Rolle spielen.

Manche Kinder fürchten sich vor Kita-Toiletten

Falls das Benutzen einer Toilette angstvoll verweigert wird, liegt eine Toilettenphobie vor. Diese Phobie kann sich ausschließlich auf die Toilette oder die Situation der Entleerung beziehen (Spezialangst). Einige der Kinder mit Toilettenphobie äußern entwicklungsbedingte Ängste, z. B. in die Toilette zu fallen, „zu verschwinden wie das Kacka" oder von Ungeheuern bzw. Tieren, die aus dem Loch kommen, „bekrabbelt" oder gebissen zu werden (vgl. ebd.). Geduldige Beruhigung ist hier elementar, meist verliert sich diese Spezialangst bei guter Begleitung nach kurzer Zeit wieder.

Angst, etwas zu verpassen

Angst kann auch eine Rolle beim sogenannten Spieleifernässen spielen. Spontanentleerungen erfolgen mitten im Spiel, vor allem bei gemeinsamen spannenden Aktionen, die das Kind nicht unterbrechen möchte. Die Spielmotivation des Kindes ist dabei so hoch, dass es die physiologischen Abgabesignale so lange ignoriert, bis es zu spät ist. Die Befürchtung des Kindes besteht darin, nach der toilettenbedingten Unterbrechung nicht mehr ins gemeinsame Spiel zurückzufinden oder ein gerade verwendetes begehrtes Spielobjekt (z. B. ein besonderes Fahrzeug) nicht mehr zur Verfügung zu haben und damit letztendlich etwas Wichtigeres durch den lästigen Toilettengang zu verpassen. „Lauras Sorge, was in der Zwischenzeit mit ihrem Spielzeug passiert, kann abgeholfen werden: Auf dem ‚Spielzeugparkplatz' können Spielsachen vom Bobbycar bis zur Nussmühle vom Sandtisch ‚geparkt' werden, bis Laura wieder zurück ist. Niemand darf die Sachen von dort wegnehmen. Besonders gut fand es Laura, als Frau Sommer die Spielgruppe heute Morgen ‚eingefroren' hat: Alle haben in einer bestimmten Haltung gewartet, bis sie wieder von der Toilette zurückgekommen ist" (ebd., S. 86).

Spezifische Angst vor dem Kitaklo

Manche Kinder sind zu Hause bereits ausscheidungsautonom und toilettenaffin, fürchten sich aber vor dem Gang zur Toilette in der Kita. Auch viele Erwachsene gehen nur ungern auf fremde Toiletten. Dies kann sehr unterschiedliche Gründe haben. Einige Kinder trauen sich nicht, die Fachkraft um noch nötige Unterstützung zu bitten, oder vermissen die gewohnte Begleitung durch ihre Eltern und versuchen dann den Vormittag – manchmal erfolglos – ohne Toilettengang durchzuhalten. Andere empfinden die Toilette als zu kalt, ungemütlich und steril. Wieder andere kennen von zu Hause nur ihr Töpfchen und haben Angst, weggespült zu werden. Manche Kinder ekeln sich auch vor einer „öffentlichen" Toilette, die von einer großen Kindergruppe genutzt wird, insbesondere wenn sie bereits erlebt haben, dass andere Kinder die Toilette nach Benutzung nicht gereinigt haben oder sogar der Abfluss verstopft war. Auch das Thema Scham kann eine Rolle spielen, wenn die Toiletten keinen oder einen zu niedrigen Sichtschutz aufweisen und andere Kinder über zu niedrige Wände zuschauen und dem betroffenen Kind dies unangenehm ist.

Angst durch neue Entwicklungsschritte führt häufig zu regressiven Phasen.

Bevor die Fachkräfte nach Unterstützungsmöglichkeiten für die betroffenen Kinder suchen, ist es deshalb wichtig, die jeweilige Ursache (Scham, Ekel, Angst …) für den Harn- und/oder Stuhlverhalt zu erfragen. Die Verweigerungshaltung sollte als Signal an die Fachkräfte verstanden werden, das Kind noch zugewandter zu begleiten und gemeinsam mit ihm zu überlegen, was sich ändern sollte, damit es eine entspannte Toilettensituation erleben kann. Auch eine veränderte Gestaltung des Sanitärbereichs, um diesen einladender wirken zu lassen, könnte eine Lösung sein, um die kindlichen Ängste verschwinden zu lassen.

5. Angst vor der eigenen Veränderung

Kinder, die plötzlich einen Entwicklungssprung vollziehen, zeigen vor allem in den ersten 3 Lebensjahren häufig eine kurze Phase der Regression, so als ob sie die Weiterentwicklung ihrer Fähigkeiten, ihr motorisches oder geistiges Wachstum bemerken, aber erst einmal davor zurückschrecken würden und Angst vor der eigenen Courage bekämen („Oje, ich wachse!") (vgl. van de Rijt et al. 2019). Die Angst vor der eigenen Veränderung, dem plötzlichen Zugewinn an Autonomie und Kompetenzen verunsichert und lässt die Kinder kurzfristig einen Schritt an erworbener Autonomie und Distanz zu den Bezugspersonen zurückfallen. Das Kind stößt durch seine neuen Fähigkeiten auf Dinge oder Situationen, die es noch nicht begreift, und zeigt „seltsame" Ängste. Es sieht plötzlich Gefahren, die es bis dahin in seiner Welt noch nicht gab, z. B. bekommt es Angst vor dem Aufrechtgehen, wie das folgende Beispiel von Lina (11 Monate) zeigt: „Sie ist immer gern gelaufen, wenn ich mit ihr geübt habe. Nun auf einmal nicht mehr. Sie wirkt ängstlich. Wenn sie nur glaubt, ich könnte eine ihrer Hände loslassen, setzt sie sich schon hin" (ebd., S. 285).

Zu bestimmten Zeiten in der kindlichen Entwicklung finden – reifungsbedingt – abrupte und fundamentale Umorganisationen im Gehirn statt, die, sind sie überstanden, dem Kind schlagartig neue Lernformen, verbesserte Wahrnehmungspraktiken und bislang noch nicht da gewesene Fähigkeiten ermöglichen (vgl. Haug-Schnabel/Bensel 2017a). Was passiert hier genau? Das Kind entwickelt sich weiter. Doch zunächst ist es hiervon verunsichert und reagiert befremdet. Es zeigt regressives Verhalten, wird wieder „babyhaft": Das Kind kann beispielsweise in der Kita die Treppe nicht mehr allein hinuntergehen, sich nicht mehr selbst die Jacke anziehen, zu Hause schläft es schlecht, isst nicht und verlangt wieder nach der Flasche. Ein großer Entwicklungsschritt nach vorn kann also anfangs kurzfristig Rückschritte mit sich bringen, bis sich das Kind auch in der neuen Situation wieder sicher fühlt. Es wird immer wieder in der Kita beobachtet, dass manche Kinder jetzt vor Hindernissen zurückschrecken, die sie kurz zuvor bereits mehrfach selbstständig bewältigt haben, und Hilfe einfordern. Dieses Verhalten wird als Schutzmechanismus diskutiert, der – Rückversicherung einfordernd – zum Einsatz kommt, bevor zu viel Neues überfordern und die innere Stabilität gefährden würde. Die Haltung der Bezugspersonen, den Rückfall nur als kurzfristige Verschnaufpause zu akzeptieren, dabei aber schützende Nähe und vor allem Vertrauen in die erweiterten Fähigkeiten des Kindes zu signalisieren, trägt zur erneuten Stabilisierung bei.

6. Wenn die Angst behandlungsbedürftig ist

■ **Fallbeispiel:** Der 4-jährige David ist ein ruhiges Kind, das gerne für sich spielt, sich aber im sicheren Rahmen seines Zuhauses oder des Kindergartens mit anderen Kindern vergnügen kann. Selbstsicher bewegt sich der Junge im ganzen Haus und versorgt sich auch in den Essenszeiten selbstständig und ungehemmt mit den Dingen, die er benötigt. Ganz anders sehen seine Reaktionen aus, wenn er auf Unerwartetes und Unbekanntes trifft. David erstarrt förmlich, sucht hilfesuchend den Blick einer vertrauten Person oder zieht sich in sich zurück. Seine Angst hat ihn im Griff! Davids Mutter berichtet, dass er sich zu Hause nie aus dem Garten traue. Das sei ihr aber ganz recht, schließlich wisse man nie, was geschehen könne. Als Davids Verhalten später zu häufig verweigernden Reaktionen führt, was bei der Einschulung des Jungen zu einem echten Problem wird, sucht die Mutter für ihn therapeutische Hilfe.

Im Anamnesegespräch mit ihr wird deutlich: Auch sie hat große Ängste vor potenziellen Gefahren, denen ihr Kind ausgesetzt ist (z. B. Autos, Kidnapping, Unfälle), und ihre Gedanken kreisen häufig um Schlimmes, das ihr und ihrem Kind zustoßen könnte. Bei genauerem Nachfragen nach der Quelle dieser Ängste berichtet sie, dass sie bei ihrer Großmutter aufgewachsen sei. Diese sei als Kind schon auf der Flucht gewesen und habe ihren Bruder und Ehemann im Krieg verloren. Sie sei selbst voller Angst vor drohenden Gefahren gewesen. ■

Es ist eindrücklich, wie verschieden die Auslöser und Ausprägungen der Ängstlichkeit einzelner Kinder sind und wie sich diese äußern. Die Fähigkeit, ängstliche Spannung auszuhalten, zeigt sich dabei als eine Eigenschaft, die auch eine genetische Basis haben kann. Dank der modernen Gen- und Verhaltungsforschung wissen wir, dass zumindest bei Rattenfamilien nachweisbar durch Umwelteinflüsse verängstigte Tiere diese Eigenschaft über epigenetische Prägungen bis in die Enkel- und Urenkelgeneration weitergeben können. Bei uns Menschen spricht man ebenfalls von einer transgenerationalen Weitergabe der von ursprünglich leidvollen Erfahrungen geprägten Ängste, die in den späteren Generationen wieder „verlernt" werden müssen. Noch ist unklar, wie hoch dabei der (epi-)genetische bzw. der sozial vermittelte Einfluss ist. Denn natürlich lernen Kinder aus den Blicken und Gesten ihrer Eltern, Angst oder gelassene Neugier in unbekannten Situationen zu übernehmen.

Im hier geschilderten Fall war eine therapeutisch begleitete Auseinandersetzung von Davids Mutter mit ihren verinnerlichten Ängsten die Voraussetzung dafür, dass sie seine Schritte in die Autonomie entspannter bejahen konnte. David selbst lernte in einer Verhaltenstherapie, eigene Ängste abzubauen, indem er in kleinen Schritten mit anschließenden reichlichen Selbstbelohnungen sich angstauslösenden Situationen stellte und selbstwirksame Bewältigung erfuhr. Nicht unwesentlich dabei waren für ihn das Einüben neuer gedanklicher Bewertungen: statt „der Hund da drüben beißt mich sicher gleich" der Gedanke „der Hund ist auf der anderen Straßenseite, er will ja nichts von mir und eigentlich sieht er cool aus". Es ist beeindruckend, wie sich bei guter therapeutischer Begleitung Spontaneität und Optimismus beim Kind wieder entfalten können, wenn tyrannische Ängste vor dem Unbekannten rechtzeitig entmachtet werden.

ICD-10
F93.2: Störung mit sozialer Ängstlichkeit des Kindesalters

VII

Aus Angst kann Aggression entstehen

Angst kann auch die Ursache für aggressives Verhalten von Kindern sein. Aber auch Beschämung und Demütigung sowie das Gefühl, nicht wahrgenommen zu werden, können heftige Aggressionen hervorrufen. Pädagogische Fachkräfte sind hier aufgefordert, genau hinzuschauen und das eigene Verhalten kritisch zu reflektieren.

1. Angst in ausweglosen Situationen

Angst in ausweglosen Situationen führt zu Aggression. Diese verhaltensbiologische Aussage gilt für die Tierwelt ebenso wie für den Menschen (vgl. Haug-Schnabel 2009). Vor einem „Raubtier" flüchtende Tiere gehen häufig zum Gegenangriff über, sobald ihnen der Angreifer zu nahe kommt, also eine bestimmte Distanz unterschritten wird. Dies kann eintreten, wenn der Verfolger schneller und geschickter ist und daher den Fliehenden einholen kann, oder wenn er ihm den Weg versperrt bzw. die Flucht auf sonstige Weise unmöglich gemacht wird. Sobald die Sinnesorgane melden „kritische Distanz unterschritten, Flucht unmöglich", schlägt die Verhaltenstendenz zur Flucht, subjektiv als Angst empfunden, in Aggression um, also: Angriff!

Ein Protokollauszug aus dem Kindergarten soll das Phänomen „aus Angst entsteht Aggression" am Verhalten eines 3½-jährigen Mädchens in einer ihm aussichtslos erscheinenden Situation verdeutlichen (vgl. ebd.).

■ **Fallbeispiel:** Anja versucht aus dem Bauwerk zweier 6-jähriger Jungen mit größter Vorsicht einen für ihren Hausbau wichtigen Eckstein zu entwenden. Als einer der Jungen dies bemerkt und Anja anstarrt, versucht sie mit vielen Entschuldigungen, den Baustein zurückzugeben. Der Junge verweigert das Lösungsangebot „schnelle Rückgabe", springt stattdessen mit drohendem Blick auf und schreit: „Das machst du nicht noch mal!" Anja wendet sich – immer noch den „Stein des Anstoßes" in der Hand – von ihm ab und rennt weinend Richtung Tür, durch die die Erzieherin soeben verschwunden ist. Der Junge verfolgt das Mädchen, es rennt jammernd auf die Tür zu, die in diesem Moment von der Flurseite aus geöffnet wird. Der Hausmeister kommt, einen Stuhlberg vor sich hertragend, herein und versperrt Anja den Fluchtweg. Sie dreht sich blitzschnell um, schaut mit Drohblick zu dem ihr wütend folgenden Jungen auf, schreit mit lauter fester Stimme „Du Zwerg, was willst du eigentlich!" und fuchtelt ihm mit dem Stein direkt vor dem Gesicht herum. Der Junge bleibt stehen, ist sichtlich verwirrt und geht langsam zurück zur Bauecke. Anja hat ihm trotz eigener Angst aggressiv gedroht und so die Verfolgung des Jungen gestoppt. Sie wirkt emotional erregt und sichtlich irritiert, schaut immer wieder auf den Baustein und legt ihn schließlich – ohne ihn zu benutzen – auf dem Fußboden ab. Sie wechselt den Raum und beginnt dort nach einiger Zeit eine andere Tätigkeit … ■

Man kann nur hoffen, dass derartige Situationen im Kita-Alltag von den Fachkräften wahrgenommen werden, denn eigentlich überfordern sie die Altersmischung in der Frühpädagogik, wenn die Begleitung nicht stimmt.

Mit massiver Aggression aus Angst muss situationsübergreifend eigentlich immer gerechnet werden. Hier geht es um viel mehr als z. B. um das Behalten oder Rückerobern eines Bausteins. Aggression aus Angst ist eine für jedes Lebewesen eventuell sein weiteres Schicksal entscheidende biologisch sinnvolle Notfallreaktion, die sich bereits im Krippenalter zeigt. Die Angst lässt Kinder und Erwachsene kurzfristig über sich hinauswachsen – und mitunter überraschend siegen.

Nicht nur aus Angst, sondern auch aus Kränkung, Beschämung und Demütigung können heftige aggressive Reaktionen erfolgen. Das menschliche Gehirn reagiert auf psychische Angriffe und auf soziale Ausgrenzung genauso intensiv wie auf körperlichen Schmerz und startet – ebenfalls vergleichbar – mit aggressiver Verteidigung. Hierbei kann es um die Rückeroberung von Gegenständen gehen, aber auch um das Erkämpfen zu Unrecht verlorener Privilegien und Rechte. Erwachsenen wie Kindern psychischen Schmerz und somit Angst zuzufügen, ist eine höchst sichere Methode, Aggressionen bei ihnen hervorzurufen. Ängstigende Bloßstellung, Missachtung oder Zurückweisung erzeugen höchste Erregung und Schamgefühle, gegen die jede*r sich zu wehren versucht.

> Angst in ausweglosen Situationen führt zu Aggression.

2. Beschämt und bloßgestellt zu werden erzeugt Angst

Zu oft erleben Kinder in Kitas Beschämung und Bloßstellung vor aller Augen und Ohren, weil sie sich „schon wieder" nicht richtig, nicht wie abgesprochen und mehrfach versprochen verhalten haben (vgl. Maywald 2019). Beschämten, bloßgestellten Kindern droht in Kitas soziale Ausgrenzung durch an-

Beschämung lässt Alleinsein spüren – auch im Stuhlkreis

dere Kinder, was sie – in zunehmender Verzweiflung – noch aggressiver werden lässt. Kinder, die den Gleichaltrigen wie auch den Fachkräften wegen ihrer Wut, fehlenden Impulskontrolle und Defiziten in der Emotionsregulation immer wieder Angst machen und negativ auffallen, werden in Konfliktsituationen, in denen Meinungsverschiedenheiten ausgehandelt oder Frustrationen bewältigt werden müssen, als besonders beanspruchend erlebt. Diese Kinder können auf zu wenig positive Interaktionsstrategien zurückgreifen, es gelingt ihnen nicht, einen verlässlichen Kontakt zu anderen Kindern aufzubauen. Sie erleben immer wieder verletzende Ablehnung und diese Zurückweisung ängstigt und „radikalisiert“ sie immer mehr. Der Angstpegel steigt, was sie immer öfter – meist ohne von außen erkennbaren und als berechtigt eingestuften Anlass – feindselig reagieren lässt. Allein die kontinuierliche Betreuung und Begleitung durch ein kompetentes und empathisches Team kann zum Ziel führen und den Teufelskreis durchbrechen.

In aller Öffentlichkeit beschämt worden zu sein, kann bei Kindern nachhaltige Furcht vor jenen Situationen hervorrufen, in denen sie von Erwachsenen oder anderen Kindern gedemütigt wurden. So gelten entwürdigende Hosen-Checks bei Kindern, die noch nicht sicher in ihrer Ausscheidungsautonomie sind, genauso wie die „Veröffentlichung“ eines Einnässzwischenfalls in der Kindergruppe und ein genervter Tonfall der pädagogischen Fachkraft als beschämend und angstauslösend (vgl. Gutknecht/Haug-Schnabel 2019). Hierzu ein Beobachtungsbeispiel.

■ **Fallbeispiel:** 28 Kinder sitzen angezogen im Flur. Die Gruppenfachkraft sagt: „Seid endlich ruhig, wir gehen erst raus, wenn alle Kinder angezogen sind. Das wird aber noch dauern, Fred hat mal wieder rechtzeitig gepullert und braucht eine neue Hose. Also alle hinsetzen und Ruhe!“ Dass Fred irgendeine Form der Aggression im Außengelände erleben wird, ist zu befürchten. ■

> Zu oft erleben Kinder in Kitas Beschämung und Bloßstellung.

Auch der Morgenkreis ist ein geeigneter Kandidat für öffentliche Beschämung, wenn die Fachkräfte die gemeinschaftliche Situation nicht als Gelegenheit für Austausch und freiwillige Diskussionsbeiträge nutzen, sondern sie als Vorschuleinheit miss-

DIE KINDERBESPRECHUNG

Die Kinder sitzen in einem Kreis auf dem Boden. Es ist Kinderbesprechung. Auf zwei Stühlen sitzen die beiden Erzieherinnen dabei. Ein Ritual in der Kinderbesprechung ist, dass eines der Kinder ein Blatt vom Kalender abreißt, ein anderes Kind darf die zum Datum passende Zahl aus einer Kiste mit 31 Zahlen heraussuchen und die richtige an einer Tafel mit einem Magnet befestigen. Anschließend fragt eine der beiden Erzieherinnen: „Welcher Wochentag ist heute?“ Die Kinder strecken ihre Finger in die Luft. Ein Junge kommt dran und ruft begeistert: „Juni!“ Die Erzieherin antwortet mit zur Decke gewandtem Blick: „Er lernt es einfach nicht ... Der wird es nie kapieren.“ Dabei schaut sie kopfschüttelnd ihre Kollegin an. In genervtem Ton fährt sie fort: „Linn, welcher Tag ist heute?“ Linn antwortet verunsichert: „Der sechste?“ Die Erzieherin: „Gut, danke Linn! Dann lassen wir das wohl für heute.“

(Beobachtung von Franziska Martinet in einer süddeutschen Einrichtung)

brauchen, um den Wissensstand der Kinder zu prüfen und zu beurteilen, wie ein weiteres Beobachtungsbeispiel zeigt (s. Kasten S. 44).

3. Angst vor sportlicher Bewertung

Sportpädagog*innen und Sportverbände legen zunehmend Wert darauf, in ihren verschiedenen Aus- und Weiterbildungen das Thema „Angst und ihre Folgen im sportlichen Kontext" für Kleinkinder, Schulkinder und Jugendliche in den Blick zu nehmen. Vor allem im Hinblick auf die Altersgruppe der Kita- und Grundschulkinder ist der startende Umgang mit Leistungserwartungen und klar sichtbaren Leistungsunterschieden zwischen den Kindern im Sport ein professionell zu begleitendes und für die Trainer*innen herausforderndes Thema geworden. Es kann schon vor Spielstart mit der Angst der Kinder beginnen, nicht zu den Mädchen und Jungen zu gehören, die sich die Spielführer*innen der gegnerischen Teams zur Verstärkung für ihre jeweilige Spielgruppe zu erkämpfen versuchen. Es fühlt sich nicht gut an, eines von den letzten zwei Kindern zu sein, für die gar keine Wahl mehr stattfindet, sondern die einfach zwischen den Gruppen aufgeteilt werden, „damit die Anzahl in beiden Gruppen gleich ist". Ganz schlimm ist es, wenn fast alle wunschverteilt sind und nur noch ein letztes Kind übrig ist, das dann einfach bei einer Gruppe noch mitspielen soll, ohne dass sich die Spieler*innen aus der anderen Gruppe beschweren, dass das ja ungerecht sei. Für alle ist so ersichtlich, dass keine der beiden Gruppen glaubt, dass das letzte zugeteilte Kind für den Spielerfolg gewinnbringend ist, was einer öffentlichen Beschämung gleichkommt. Wenn dieses Kind dann vor Spielbeginn aus einer Mischung aus Verzweiflung und Wut den Ball in eine Ecke knallt, ist dies emotional nachvollziehbar und eigentlich zu erwarten. Aus Angst und Demütigung entsteht Aggression.

WETTKAMPFSPIELE MIT FOKUS AUF TEAMGEIST STATT AUF EINZELSIEGER*INNEN

1. Fangspiele

Klassisches Fangen

Zu Beginn des Spiels gibt es einige Fänger*innen und eine deutlich größere Anzahl an zu Fangenden. Die Fänger*innen halten einen Gegenstand (z. B. buntes Tuch) in der Hand. Fangen sie eines der anderen Kinder, wird dieser Gegenstand an das gefangene Kind übergeben und die Rollen werden gewechselt (ein direktes Rückfangen ist nicht erlaubt).

Rattenschwanzfangen

Jedes Kind hat ein Sprungseil hinten in die Hose gesteckt, sodass das Ende wie ein „Rattenschwanz" auf dem Boden schleift. Auf das „Los" der Spielleitung ist es Aufgabe jedes Kindes, den anderen den „Rattenschwanz" durch einen Tritt auf das Seil zu entreißen und dabei den eigenen Schwanz nicht zu verlieren. Sobald man diesen verloren hat, ist man nur noch in der Rolle des/der Fangenden. Es wird so lange gespielt, bis alle „Rattenschwänze" gefangen sind.

Inselfangen

Gespielt wird nach dem gleichen Prinzip wie beim klassischen Fangen (s. o.). Erweitert wird das Spiel jedoch um „Rettungsinseln", auf denen man nicht gefangen werden kann. Dies können z. B. auf dem Spielfeld verteilte Reifen sein. Steht ein Kind in einem solchen Reifen, kann es nicht gefangen werden. Rennt ein anderes Kind auf die „Insel" zu, um sich dorthin zu retten, muss diese von dem/der ersten Schutzsuchenden verlassen (freigegeben) werden.

2. Wurfspiele

Schneeballschlacht

Als Schneebälle dienen Softbälle. Die Anzahl der Kinder sollte die Anzahl der Bälle deutlich übersteigen. Nun wird wie bei einer Schneeballschlacht versucht, mit dem Ball ein anderes Kind abzuwerfen. Dabei darf mit dem Ball in der Hand nicht gelaufen werden. Wird ein Kind getroffen, muss es ans „wärmende Lagerfeuer", das in Form eines Reifens o. Ä. am Spielfeldrand platziert ist. Dort gilt es, eine kleine Aufgabe zu erledigen (3 Sprünge in die Luft etc.). Danach darf sich das Kind wieder aktiv an der Schneeballschlacht beteiligen. Der Ball ist nach jedem Wurf frei und darf von jedem Kind, das sich nicht auf dem Weg zum Lagerfeuer befindet, aufgenommen werden. Als Variante können im Spielfeld Schutzräume aufgebaut werden, z. B. Kästen, hinter denen man sich verstecken darf. Wichtig ist hier, dass nicht allen Kindern Schutz geboten werden kann, um den Spielfluss aufrechtzuerhalten.

3. Teamspiele

Fußball

Häufiges Problem bei diesem „Klassiker" ist, dass nicht alle Kinder gleichermaßen oder überhaupt am Spiel beteiligt sind. Entspannung schafft hier eine Anpassung der Zählweise: Danach hat ein Team erst dann gewonnen, wenn jedes Teammitglied ein Tor geschossen hat. Falls dies zu lange dauert, kann alternativ auch eine wesentlich höhere Anzahl an Gesamttoren festgelegt werden, die ebenfalls zum Sieg führt. Oder es wird eine anteilige Teilnahmeregelung getroffen, bei der z. B. immer nur drei von fünf Kindern aus einem Team gleichzeitig mitspielen.

(B. Bauer, Trainer einer Grundschul-AG in Baden-Württemberg)

Nicht mitmachen – aus Angst, zu versagen

Auch befragte Erwachsene berichten, dass das Gefühl, in der Schule nicht oder zuletzt in eine Spielgruppe gewählt worden zu sein, lebenslang gedanklich aufgerufen werden kann und tatsächlich immer noch mit – aufgrund der tief sitzenden Demütigung – nicht verarbeiteten, oft aggressiven Emotionen verbunden ist. Obwohl es im Sport, wie überall, immer Sieger*innen, Verlierer*innen und Pechvögel geben wird, macht man sich seit Langem in sportpädagogischen Kreisen Gedanken, wie gerade im Kita- und Grundschulbereich frühe Demütigung motivierenden Mitmachgefühlen weichen könnte.

Die Angst, im Spiel (erneut) zu versagen, kann eine Teilnahme der Kinder verhindern und bis zu aggressiver Verweigerung führen. Hier wurde mit Erfolg nachgedacht, wie dies im Kindergarten- und Grundschulalter weitgehend verhindert werden kann. Das bevorzugte Spiel-Motto: „Hab Freude und keine Angst vor Bewertung! Es gibt nur muntere Gruppenspiele, aber keine Sieger*innen und Verlierer*innen! Keine Angst, es gibt viel ‚Bewegung' und dauernd wechselnde Mitspieler*innen und du gehörst dazu!" Die wichtigsten Voraussetzungen hierfür sind, dass die Spielleiter*innen kreativ sind, spontan auf Situationen reagieren und alle Kinder begeistern können. Es braucht einen geschulten Blick, um die Regeln und die Spielfeldgröße an die jeweilige Spieler*innengruppe anzupassen.

4. Aggression als Bewältigungsstrategie

Wenn Kinder mit 1, 2 oder 3 Jahren in einer Krippe oder Kita starten, stehen sie vor einer großen Herausforderung. Es geht nicht darum, zur frühen Trennungsfähigkeit zu erziehen, vielmehr ist das Ziel, mit einer stabilen Mutter und Vaterbindung zu beginnen, die eine stundenweise Trennung von den Hauptbezugspersonen zulässt und zum Sozialisationsgewinn werden kann. Entscheidend ist hierbei, ob

- die Bezugsperson das gestresste Kind bei seinen Regulationsfunktionen unterstützen und ihm die Chance geben kann, seine Bewältigungsstrategien einzusetzen;
- das Kind seine Belastung als kontrollierbar oder unkontrollierbar bewertet;
- das Kind die Anforderung als Herausforderung erleben kann und die Situation als bewältigbar verbucht.

David aus dem Beobachtungsbeispiel (s. Kasten) versucht seinen Trennungsschmerz motorisch und eher aggressiv zu bewältigen. Er scheint andere den Schmerz körperlich spü-

DAVIDS REAKTION AUF SEINE TRENNUNGSANGST

„David ist anderthalb und kommt in der Krippe, die er seit sechs Wochen besucht, gut zurecht. Am Morgen verabschiedet ihn die Mutter mit einem Kuss und sagt ihm, wann sie ihn wieder abholt. David lässt die Mutter ohne Protest oder Abschiedsgeste gehen, er guckt sie auch nicht an. Als die Mutter, die in Eile ist, ihn verlässt, steht er für einen kurzen Moment mit hängenden Armen und gesenktem Blick im Raum. Dann besteigt er wendig das rote Bobbycar und beginnt, so schnell er kann im Raum umherzudüsen. Er fährt scheinbar absichtslos einer Erzieherin über den Fuß, und als sie ‚Aua!' ruft, lacht David laut auf. (...) Beim Hinsetzen im Singkreis boxt er ein kleines Mädchen an den Oberarm, das daraufhin weint. David guckt weg und tut so, als habe er damit nichts zu tun. Von der Erzieherin wird er ermahnt, David lacht und zappelt auf seinem Stuhl herum" (Beobachtung von Scheerer 2008, S. 34f.).

ren lassen zu wollen, den er selbst seelisch empfindet, aber noch nicht mit Worten ausdrücken kann. Sein Lachen und seine Aggression maskieren seine Verlassenheitsangst, sollen sie unkenntlich machen. Die aktive und aggressive Bewältigung des Abschiedsschmerzes ist David vorübergehend eine Hilfe, ersetzt aber nicht die Verarbeitung von Verlust- und Verlorenheitsgefühlen. „Eltern und Betreuungspersonen müssen ihm dabei helfen, seinen Gefühlen die treffenden Worte zu geben, die das Kind selbst noch nicht zur Verfügung hat" (Analyse der Trennungsreaktion nach Scheerer 2008, S. 35).

> Die Angst, im Spiel zu versagen, kann bis zu aggressiver Verweigerung führen.

5. Aggression aus Angst, sonst nicht gesehen zu werden

Es gibt Kinder, die aggressiv auffallen müssen, um beachtet zu werden bzw. um nicht das Gefühl zu haben, ignoriert zu werden (vgl. Haug-Schnabel 2009, 2020). Es geht um eine vermutete und deshalb erlernte Notwendigkeit, aggressiv zu agieren, um in der Kita nicht verloren zu gehen. Den Namen Mario hört man beispielsweise nur als Aufschrei mit erschrecktem oder warnendem Unterton. Hört man irgendwo in der Kita einen Knall, ein Aufheulen oder wütendes Geschrei, suchen viele Blicke nach Mario, weil Fachkräfte und Kinder schon fast automatisch davon ausgehen, dass er die Ursache war oder sich zumindest in nächster Nähe zum „Tatort" aufhält. Nahezu tägliches Ausrasten in unterschiedlichen Situationen und aggressive Attacken können der laut-starke und vehemente Versuch sein, wenigstens auf diesem ungewöhnlichen Weg Aufmerksamkeit zu erregen oder „Zuwendung" zu erzwingen, wie diese dann auch immer ausfallen mag. Ohne Ausbrüche hat Mario die Erfahrung gemacht, nicht gesehen oder ignoriert zu werden.

Es braucht Blickschulungen in Kita-Teams, um Kinder wie Mario ganz bewusst über den Tag hinweg wahrzunehmen, zu begleiten und ganz unauffällige, normale, vielleicht sogar unerwartet viele positive Verhaltensweisen oder Handlungen von ihnen zu kommentieren – und zwar so, dass das betroffene Kind selbst, aber auch die Gruppe dies wahrnimmt. Zum Beispiel so:

- „Mario ist als Erster mit Aufräumen fertig und darf schon mit der Auswahl der Wolle beginnen."
- „Schaut mal kurz her: Mario hatte eine gute Idee, wir können die Papiere zum Trocknen an die Leine hängen."
- „Mario hat Finn schon den Reißverschluss seiner Jacke zugemacht. Wenn alle Großen einem Kleinen helfen, kommen wir schneller in den Schnee."

Die Kinder horchen auf, schauen die Fachkraft zur Rückversicherung des Gesagten an, blicken zu Mario und sind anfangs sichtlich irritiert, da sie seinen Namen in diesem neutralen bis positiven Tonfall bislang nur selten gehört haben. Durch derartige professionelle Interventionen der Fachkräfte kann sich das Verhalten aller Kinder Mario gegenüber langsam ändern. Mario kann einem Teufelskreis entkommen und dadurch auch sein Verhalten besser an die Gruppe anpassen. Erfährt unauffälliges und prosoziales Verhalten, das es auch bei schwierigen Kindern immer gibt, mehr Beachtung als Fehlverhalten, kann es durch positive Verstärkung zu einer zeitlichen Ausdehnung dieser „Ruhephasen" kommen. Denn dem Kind wird so die Botschaft vermittelt: „Aha, auch wenn ich nichts Lautes, Störendes, Zappeliges tue, bekomme ich Aufmerksamkeit geschenkt!" Das auffällige Verhalten als Notsignal für mehr Aufmerksamkeit und Zuwendung wird zunehmend überflüssig.

In diesem Zusammenhang haben früh gut verständlich sprechende Kinder klare Vorteile. Sie können ihre Befürchtungen beschreiben, mitteilen, was ihnen jetzt gerade Angst macht, und deshalb mit einer klärenden oder zumindest innere Spannung abbauenden Antwort rechnen. Zunehmende Sprachfähigkeit geht mit einer steigenden Konflikt- und Argumentationsfähigkeit einher. Früh sprachgewandt zu sein, kann sogar bedeuten, einen echten Konflikt stoppen zu können, weil das Kind mehr und mehr seine Situation und bald auch den Blickwinkel seiner Kontrahent*innen in Worte fassen kann.

Blickschulung für ängstigende Situationen

Denn gerade aus solchen Situationen entstehen fast von selbst Aggressionen. Besonders in Krippen brauchen die Fachkräfte Blickschulungen für ängstigende, massiv beunruhigende Stress-Situationen, in denen die Kinder zu oft das Gefühl bekommen, in der Gruppe, im Haus, im Garten allein und „schutzlos" zu sein. Die Einschätzung, ohne Schutz zu sein, muss aus Überlebensgründen mit Erregung und Angst einhergehen, alles muss aktiviert werden, um nach einer Lösung zu suchen, mit der es einem wieder besser geht. Höchste Erregung und Angstanzeichen kennzeichnen diese Situation,

- wenn in der Krippe das Bedürfnis nach mundsensorischer Stimulation – die der Beruhigung dient – nicht befriedigt wird,
- wenn ein Kind in Alltagssituationen eingeengt und bedrängt wird,
- wenn ein Kind merkt, dass es seinen Ärger, seine Angst, seine Frustration und sein Unbehagen weder sprachlich noch körpersprachlich ausdrücken kann.

Blickschulungen für Stress-Situationen sind unerlässlich, damit die Fachkräfte zeitnah und individuell passend die Signale des Kindes beantworten und angstpräventiv agieren können. Hierzu helfen beispielsweise folgende Fragen:

- Haben wir Situationen im Tagesablauf im Blick, in denen Unter- oder Überforderung oder vielleicht Überstimulation zumindest bei einzelnen Kindern sichtbar und spürbar wird (z. B. in zu engen Spielbereichen ohne leicht erreichbaren Ausgang oder im Garderobenbereich beim An- oder Ausziehen)?
- Sind wir aufmerksam für Beißzwischenfälle in räumlicher Bedrängnis, unter Dichtestress, in lauten Wartesituationen vor dem Essen, wenn alle Kinder schon Hunger haben und/oder müde sind?

Angst, ignoriert zu werden

„Zu wenig oder nicht gesehene Kinder" ist leider immer noch ein Thema in Kitas. Es geht um Kinder, die weniger als andere im Blick der Fachkräfte sind, von ihnen seltener angesprochen und kaum in ein Gespräch oder in Planungen einbezogen oder nach ihren Wünschen gefragt werden. Die Folgen: Sie erhalten weniger Impulse zum „Füttern" ihrer Bildungsinteressen und bekommen weniger persönliche Zuwendung. Nicht gesehenen Kindern fehlt es an „sozialem Kitt", ihnen drohen Probleme in der Selbst- und Fremdwahrnehmung. Mehr mimische, körpersprachliche oder verbale zugewandte Signale würden ihnen helfen oder überhaupt erst ermöglichen, sich Schritt für Schritt bewusster zu werden, dass ihre Anwesenheit bedeutsam ist, dass sie für die Gruppe wichtig und interessant sind und dass sie keine Angst haben müssen, ignoriert zu werden. Neben sozial-emotionalen Defiziten aufgrund fehlender interpersoneller Botschaften kann es diesen Kindern, da ihren spontanen Ideen die Aufmerksamkeit und anerkennende Wertschätzung durch die Fachkräfte fehlt, auch an Anregungen, an Bestätigung oder Unterstützung ihrer Vorhaben und Pläne mangeln. Ihre Bildungsbemühungen werden eher geduldet als unterstützt – wenn sie überhaupt wahrgenommen werden.

> Manche Kinder haben Angst, an Einfluss auf das Geschehen und auf andere Kinder zu verlieren.

Es geht für „nicht gesehene Kinder" aber nicht nur um weniger Anregung und verminderte Bildungschancen, sondern oft auch um mangelnde Zugewandtheit, Fürsorge bis hin zu ungenügendem Schutz in Überforderungs- und Gefährdungssituationen. Der Teufelskreis – aus Angst und Verzweiflung entsteht Aggression – wird dadurch unbewusst und pädagogisch unverantwortlich gefördert. Oft zeigen weitere Beobachtungen, dass der Bildungsauftrag in diesen Einrichtungen auch in anderen Situationen nicht befriedigend erfüllt wird.

6. Aggressiv werden, um seine Rechte zu verteidigen

Es geht bereits im Kleinstkindalter bei aggressivem Handeln immer um die Verteidigung von etwas oder um das Erkämpfen von etwas. Aggressionen ohne Ursache, aus reiner Boshaftigkeit, gibt es nicht. Ein Kind verteidigt sich selbst, aber manchmal auch ihm nahestehende andere Kinder gegen Angriffe. Es verteidigt sich und andere, um unversehrt zu bleiben, um bei seinem Tun möglichst wenig beeinträchtigt und eingeengt zu werden. Mit ebenso viel Engagement verteidigt es Objekte und Territorien; gemeint sind damit all die Dinge, die einem Kind im Moment besonders wichtig sind: das Auto, mit dem es gerade spielt, sein Teddybär, seine Burg im Sandkasten und noch einige Zentimeter Sicherheitsabstand darum herum oder seine geliebte Erzieherin, vor allem der heiß begehrte Platz auf ihrem Schoß. Ein Kind verteidigt aber auch seine Spielideen und Pläne, indem es andere Kinder zu bestimmten Handlungen veranlasst oder sie am unerwünschten Mitmachen zu hindern versucht. Es verteidigt mit individuell unterschiedlicher Vehemenz seine Rechte und seine Interessen, sobald es diese irgendwie bedroht sieht, z. B. das Recht, selbst Erfahrungen sammeln zu dürfen, auch einmal ungestört allein spielen oder allein essen zu dürfen und nicht immer gefüttert zu werden. Und dazu gehört auch das Recht, sich nach dem Toilettenbesuch selbst reinigen zu dürfen.

Die Befriedigung wichtiger Bedürfnisse nach Selbstwirksamkeit und Eigenerfahrung kann durchaus auch aggressiv eingefordert und gegen Widerstand entschlossen durchgesetzt werden. Das ist ein für die kindliche Entwicklung wichtiger Weg, um sein Bedürfnis, selbst zu handeln, seinen Bewegungs- und Erkundungsdrang, seine Wissbegierde und seine Wiederholungsbegeisterung zu stillen. Genauso versucht ein Kind – durchaus auch aggressiv – als übermäßig empfundene Anforderungen zu verweigern, um so einer recht wahrscheinlichen Enttäuschung und ängstigenden Überforderung entgehen zu können, d. h., es versucht, seine Eigenstabilität rechtzeitig zu verteidigen.

7. Angst vor Statusverlust

Hier geht es um die Angst, an Einfluss auf das Geschehen und somit auf andere Kinder zu verlieren. Diese besondere Angst wird erst seit Kurzem durch speziell ausgewertete Aggressionsanlässe aufgrund von Beobachtungen bei laufendem Betrieb in Krippen und Kindergärten professionell in den Blick genommen. Bei diesen als Widerstand empfundenen aggressiven Gesten und Handlungen anderer Kinder dem betroffenen Kind gegenüber geht es um die Verarbeitung von Verlustängsten besonderer Art. Das Kind befürchtet Gesichtsverlust und Einschränkung von bislang vorhandenen Freiräumen. Es hat Angst, wichtige „Unterstützer*innen" zu verlieren, die vielleicht zu einem anderen Kind „abwandern" und dieses „stärken". Es geht um den Verlust von Status und dazugehörigen Privilegien, die ihm bislang das Erreichen und Bewahren von Einflussnahme und Ansehen in der Gruppe ermöglicht haben.

Konfliktassistenz hilft, kindliche Ängste zu reduzieren

Die Angst, an Einfluss auf das Geschehen und auf andere Kinder zu verlieren, verleitet zu aggressiven Akten. Dabei wird um Zuneigung gekämpft, um die Möglichkeit, weiterhin wichtige Informationen zu erhalten und Aufmerksamkeit erregen zu können, was für sogenannte Alphakinder wichtig ist. Mit dem Mittel der Aggression wird versucht, die bestehenden Verhältnisse zu kontrollieren und – wenn nötig – so zu verändern und mitzugestalten, dass sie dem Kind und der Gruppe wieder mehr Sicherheit und Zufriedenheit bieten. Ist dieser Zustand (wieder) erreicht, gilt es, ihn zu stabilisieren. Es geht um sozialen Aufstieg, um Dazugehören, um Anerkennung und Dominieren – kurz: um einen einflussreichen Platz in der Gruppe.

Konfliktassistenz durch die Fachkräfte

Aggressionen sind – wie Spielen, Lernen, Singen, Lachen und Neues ausprobieren – Teil jedes Kita-Alltags, weil sie ganz selbstverständlich zum menschlichen Verhaltensspektrum in jedem Alter dazugehören. Die Kita soll ein Ort der Geborgenheit und der neuen Erfahrungen sein, eine vielfältig anregende Bildungsumgebung. Außerdem soll sie die Chance bieten, außerhalb des familiären Rahmens neue Bezugspersonen und immer vertrauter werdende Spielkamerad*innen unterschiedlichen Alters kennenzulernen. Aber eine Kita kann kein konfliktfreier Ort sein, auch wenn sich das einige Eltern wünschen. Und das sollte sie auch nicht sein. Denn nur im pädagogischen Alltag kann ein Kind erfahren, dass Konflikte und deren Bewältigung zum sozialen Miteinander gehören, keine Katastrophe

> Eine feinfühlige Begleitung durch die Fachkraft in Konfliktsituationen kann die Ängste der Kinder verringern.

bedeuten müssen, sondern bei professioneller Assistenz durch die Fachkräfte nach Schimpfen, Beleidigen und „Wunden-Lecken" wieder gemeinsame Erlebnisse möglich werden, die für alle bereichernd sind. Das bedeutet z. B. auch, dass bei einer zugewandten und feinfühligen Konfliktbegleitung ein Kompromiss – es gibt keine*n Verlierer*in – ein echtes Zaubermittel sein kann, damit nach Uneinigkeit trotzdem gemeinsam weitergespielt werden kann und niemand ausgebremst wird und deshalb verzweifelt. Oder die Erfahrung, die nur in Gruppen gemacht werden kann, wie wenig schlimm und sogar wichtig manchmal Nachgeben und Verzichten sein können – Verhaltensweisen, die anfangs nur als Verlust, Niederlage oder Demütigung empfunden werden. Aber selbstverständlich sollte auch die andere Möglichkeit, wie ein Konflikt enden kann, oft genug beglückend und befriedigend am eigenen Leib erfahren werden: das herrliche Gefühl, gesiegt und seine Angst überwunden zu haben, seine Meinung bestätigt bekommen zu haben, sich also aus gutem Grund gegen andere durchgesetzt zu haben.

8. Wenn die Angst behandlungsbedürftig ist

Die Umwandlung von schrecklicher Angst in extreme Wut kann beim Ansehen des im Herbst 2019 Furore gemachten Films „Systemsprenger" tief nachempfunden werden. Der Film schildert die bereits lang anhaltende verzweifelte Wut eines inzwischen 9 jährigen Mädchens, an der alle Helfer*innen zu scheitern scheinen. Die eindrücklichste Szene im Film zeigt das Mädchen, das seine tiefe und frühe Verlustangst in den Wald schreit. Ein Schrei nach seiner Mutter, deren eigene Überforderung mit ihrem Leben und der Erziehung der Kinder ebenso feinfühlig beschrieben wird. Das Mädchen hat mit seinen 9 Jahren inzwischen gelernt, seine Wut einzusetzen – nicht nur dann, wenn die Angst in ihm emporkriecht, sondern auch, wenn es darum geht, Ziele zu erreichen –, wobei es sich in übergriffiger und distanzloser Art anderer Menschen „bedient". Dabei scheint die Wut so tief verankert, dass sie viel mächtiger als alle verordneten und gefassten Vorsätze ist.

Kinder mit solch schwerwiegenden „Verstörungen", wie sie im Film geschildert werden, sind jedoch zum Glück äußerst selten, aber auch mildere Fälle können zu höchst belastenden Herausforderungen in der Kita führen. Ausuferndes aggressives Verhalten, das sich nicht begrenzen und modulieren lässt, ist dabei immer ein von Hoffnungslosigkeit geprägter Alarmschrei: In meiner Welt stimmt vieles nicht! Unabdingbar sind hier rechtzeitige Gespräche mit den Eltern, die eine diagnostische Abklärung der Gründe für die übermäßigen Aggressionen des Kindes zum Ziel haben. Genauso unabdingbar ist ein wachsames Achten auf mögliche Zeichen von familiärer Kindeswohlgefährdung:

- Erzählt das Kind von aggressiven Übergriffen auf sich oder zwischen den Eltern?
- Gibt es Anzeichen für Alkoholerkrankungen, für Verwahrlosung in der Familie?
- Malt das Kind Bilder, in denen sexuelle Symboliken gehäuft vorkommen, was ein Hinweis auf sexuellen Missbrauch sein könnte?
- Sieht das Kind exzessiv Medieninhalte, die es zutiefst verstören, z. B. Porno- oder Horrorfilme? Schaut es täglich bei Gewalt-Games des am PC spielenden Vaters zu? Oder spielt es selbst stundenlang?

Hilfreich bei der Erfassung von Hinweisen sind standardisierte Beobachtungsbogen, die insbesondere für Kitas entworfen wurden (vgl. Bensel/Haug-Schnabel 2016). Bei Kinderschutzfachkräften und Mitarbeiter*innen des Jugendamtes kann Rat eingeholt werden, um solche heiklen Themen mit den Eltern zu besprechen – insbesondere wenn Anlass zu einer Meldung beim Jugendamt besteht (§8a SGB VIII).

ICD-10
F91.2: Störung des Sozialverhaltens bei vorhandenen sozialen Bindungen

VIII

Durch Erwachsene verstärkte Ängste

Beim Spiel kalkulierte Risiken eingehen zu dürfen, stärkt Kinder und ist eine wichtige Angstprävention. Stülpen ihnen die Erwachsenen die eigenen Befürchtungen – auch in Form von besorgten Kommentaren – über, kann das zu grundlegender Verunsicherung und übertriebener Ängstlichkeit führen.

1. Lernen an der Angstgrenze

Angst ist eine wichtige, meist auch hilfreiche Entwicklungsbegleiterin bei dem motorischen, geistigen und sozialen Voranschreiten von Kindern. Das zeigt sich besonders in Situationen, die neue motorische Herausforderungen bieten, denen die Kinder sich immer wieder stellen, wenn auch in unterschiedlichem Maße – abhängig von ihrer Selbsteinschätzung: „Schaffe ich heute die oberste Sprosse der Kletterwand? Fühle ich mich sicher genug? Oder ist meine Angst, runterzufallen oder dort oben dann wie gelähmt festzukleben, noch zu groß?“

Damit ein Kind seine motorischen Kompetenzen ausbauen kann, muss es entsprechende Herausforderungen suchen und vorfinden, die sein Körperbewusstsein, seine Koordinations- und Bewegungsfähigkeit steigern – auch wenn sie nicht immer ohne Blessuren zu bewältigen sind. Natürlich können Sprünge, Kletteraktionen oder Balanceübungen mit einem Sturz einhergehen. Ziel einer guten pädagogischen Begleitung kann es dennoch nicht sein, Kinder vor fast allen Enttäuschungen und Verletzungen zu bewahren, indem pädagogische Fachkräfte möglichst viele Risiken ausschließen oder zumindest minimieren. Vielmehr geht es darum, Kindern immer wieder zu ermöglichen, sich selbst gewählten, dosierten Risiken auszusetzen (vgl. Haug-Schnabel 2010). Genau dieses Ziel verfolgt das Konzept des sogenannten riskanten oder gewagten Spiels (engl. „risky play“).

> Es sollte Kindern ermöglicht werden, sich selbst gewählten, dosierten Risiken auszusetzen.

DER EIGENEN ANGST VERTRAUEN

„Wenn Kinder ihrer Angst vertrauen können, als einem Signal, das sagt, wo wird es für mich so, dass ich genau schauen muss, habe ich genügend Kraft oder habe ich genügend Sicherheit, dann ist die Angst eine gute Begleitung, denn dann ermöglicht sie auch immer wieder, an der Grenze ein bisschen weiter zu schauen, ob ich noch ein bisschen mehr kann oder ob ich noch warten muss. Wenn alles Neue per se angstbesetzt ist und überhaupt nicht mehr eine gewisse Lust und Neugier weckt, dann ist Entwicklung gefährdet und Lernen auch. Denn alles neue Lernen passiert an den Grenzen und wir erleben immer wieder, dass die Kinder sehr expansiv sind und dann mit ihrer Angst wirklich bis an die Grenzen gehen. Dann tritt wieder so eine Art Konsolidieren ein, eine neue Sicherheit gewinnen auf einer neuen Ebene. Und dann wieder (aus der Angst) rausgehen und dann wieder (in die Angst) reingehen, das finde ich ein Grundprinzip von Lernen und von Leben überhaupt" (gekürzte Fassung eines Filmkommentars von Ursula Taravella, ehemalige Leiterin der SBW Primaria in Horn/Schweiz aus Kahl 2007).

Gewagtes Spiel wirkt angstabbauend
Bäume, Treppen und unwegsames Gelände sind primär nicht als Sicherheitsrisiken zu betrachten, sondern als ein Trainingsparcours, dem sich Kinder von sich aus – eigeninitiativ – stellen, um ihre Bewegungsfertigkeiten genussvoller zu erleben und auch den Umgang mit der eigenen Angst kennenzulernen. Gewagte Spiele wirken angstabbauend, als eine Art selbst verabreichter Verhaltenstherapie. Die norwegischen Kindheitspädagog*innen Sandseter und Kennair (2011) vermuten, dass einer der wichtigsten Aspekte gewagter Spiele ihre antiphobische Wirkung ist. Die Kinder verringern durch das riskante Spiel ihre Angst vor Situationen, die gefährlich waren, als sie noch kleiner waren. Ohne es zu wissen, benutzen Kinder damit eine verhaltenstherapeutische Technik, die zur Behandlung von Angststörungen eingesetzt wird: das Ängstigende in kleinen Schritten anzugehen, um so – mit der Zeit – auch die große Angst überwinden zu können.

Motorische Kompetenz gewinnt ein Kind also nur dann, wenn es selbst seine Bewegungsaufgaben wählt, die es auf seine eigene Weise zu lösen versucht. Wenn es an seine Grenzen gehen darf, sie zu erweitern versucht und dabei auch lernt zu akzeptieren, dass diese Hürde, diese Sprosse im Moment noch zu hoch ist. Wenn es die Möglichkeit bekommt, vorhandene Unsicherheiten und Ängste ohne Druck von außen in einer anregend gestalteten Umgebung abzubauen (vgl. Haug-Schnabel/Bensel 2017b).

2. Verängstigen oder vertrauen?

Nicht nur die eigene Erfahrung, sondern auch das Bild, das pädagogische Fachkräfte und die anderen Kinder zurückspiegeln, beeinflusst das kindliche Selbstkonzept. Jedes Kind bekommt mit, was andere ihm zutrauen, was sie ihm als drohende Gefahr oder als bemerkenswerte Leistung rückmelden. Werden meine Kletterversuche mit ängstlichen Blicken und sprungbereiter Körperhaltung von der Fachkraft beobachtet oder mit aufmerksamem Interesse und Zutrauen vermittelnder Körpersprache? Je positiver das durch die Reaktionen der anderen „gesammelte“ Selbstkonzept ausfällt, desto überzeugter ist ein Kind davon, neuartige und schwierige Anforderungen bewältigen zu können, was seine „Weitergeh-Motivation“ steigert (vgl. Haug-Schnabel/Bensel 2017b).

Bei Beobachtungen in Einrichtungen sind häufig bei Kletterversuchen der Kinder Kommentare zu hören wie „Pass auf, dass du nicht runterfällst und dir wehtust!“. Erwachsene schränken kindliche Bewegungsexperimente ein oder verhindern sie möglicherweise, wenn sie damit verbundene Gefahren in den Vordergrund stellen und „den Teufel an die Wand malen“. Gibt die Fachkraft jedoch sachliche Hinweise und signalisiert durch Mimik und Körperhaltung Zutrauen und Machbarkeit, wachsen Selbstvertrauen und Körpergefühl des Kindes. Unterstützend wirken auch konstruktive Kommentare. Deshalb sollten möglichst lösungsorientierte und Zuversicht vermittelnde Fachkräfte die Aufsicht und Begleitung bei herausfordernden Bewegungsangeboten übernehmen. Damit eine professionelle Begleitung durch die Fachkräfte gelingt, ist es wichtig, auch die eigenen Ängste in den Blick zu nehmen und diese zu reflektieren. Denn gerade bei selbst verspürten Ängsten ist die Gefahr, diese auf die Kinder zu projizieren, besonders groß.

> Wie die Fachkraft das gewagte Spiel von Kindern begleitet, ist entscheidend.

In vielen Fällen kann durch die Teamstruktur und Arbeitsteilung eine außerfamiliäre Betreuung durchaus ein ausgleichendes Gegengewicht zu übervorsichtigen und ängstlichen Eltern darstellen, die die Bewegungsfreude ihres Kindes zu wenig bedienen oder eher schwächen bzw. seiner altersgemäßen Bewältigungsmotivation im Wege stehen.

SELBSTREFLEXION FÜR FACHKRÄFTE

(aus Baer 2018, S. 75f.)

Mir über meine Ängste aus meiner Kindheit klar werden

- Wovor habe ich im Vorschulalter Angst gehabt?
- Konnte ich sie anderen Menschen zeigen?
- Wer hat mir geholfen oder hätte mir helfen sollen?
- Was hat mir geholfen oder hätte mir helfen können?
- Was kann ich daraus nehmen für die Unterstützung der Kinder?

Meine Ängste heute

- Wovor habe ich manchmal Angst?
- Wie äußert sich das, woran merke ich das?
- Was hilft mir dann?
- Mit wem kann ich reden?
- Was könnte ich im Umgang mit meiner Angst noch gebrauchen?

3. Angstmachende Kommentare vermeiden

Manche Erwachsene behindern nicht primär dadurch die Entwicklung von Motorik, Körpergefühl und Risikokompetenz eines Kindes, dass sie seine Bewegungstendenzen einschränken oder schon im Ansatz unterbinden, sondern vor allem dadurch, dass sie die kindlichen Aktionen entsprechend kommentieren. Was in solchen Situationen eigentlich gesagt wird und welche Botschaften das Kind zwischen den Zeilen wahrnimmt und verarbeiten muss, überlegt man sich meist nicht. Die Angst der Erwachsenen, die Befürchtung, dass etwas schiefgehen könnte, steht an erster Stelle und dominiert über Blicke, Kommentare und Körperhaltung alle dem Kind gesendeten Signale.

Wenn Kinder sich eigenaktiv an bewusst erweiterte Bewegungsgrenzen herantasten, sollten die Fachkräfte sie dabei professionell unterstützen und bestärken, wenn nötig auf Gefahren aufmerksam machen, vielleicht einen unterstützenden Tipp geben: „Es ist machbar, du bekommst das hin. Schau mal, hier könntest du vielleicht einfacher hochsteigen. Achte besonders auf die scharfen Kanten am Fels!“ Es geht darum, künstlich erzeugte Ängste zu erkennen und stattdessen notwendige Informationen verständlich und lösungsorientiert zu kommunizieren, damit Herausforderungen nicht vermieden, sondern in Angriff genommen und bewältigt werden können.

Es geht um den Unterschied zwischen „Fall nicht runter“ und „Bleib oben“, also um den Unterschied zwischen einer negativen und einer positiven Botschaft. Wer „Fall nicht runter“ hört, wird eher verunsichert und fällt dadurch wahrscheinlicher runter. Wer „Bleib oben“ aus dem Gesagten heraushört, bleibt wahrscheinlicher oben. Innere Probesätze zum Einüben Gefahren benennender, aber nicht ängstigender Aussagen können hierbei hilfreich sein. Dieser „Sprachkurs" öffnet einen neuen Zugang zum Kind (vgl. Haug-Schnabel/Schmid-Steinbrunner 2015). Denn Mädchen und Jungen fühlen sich so ernster genommen und lernen ihre Möglichkeiten – aber auch Risiken – immer realistischer einzuschätzen. Damit können sie sich in der Welt der Bewegung selbstbewusster und sicherer zurechtfinden und an ihrem eignen Anspruch orientieren.

4. Eine risikofreie Umgebung gibt es nicht

Wir können und sollen keine risikofreie Umgebung für Kinder schaffen. Dies wäre kein Lernweg und somit kein erstrebenswertes Ziel. Es geht darum, kalkulierbare Gefahrenstellen bewusst zuzulassen. Diese fordern die Kinder heraus, sich mit unbekannten Situationen auseinanderzusetzen. Nur so können sie überhaupt die notwendigen Kompetenzen entwickeln, um mit Risiken umzugehen (vgl. Haug-Schnabel/Bensel 2017b). Bei drei von vier verunfallten Kindern spielen motorische Defizite eine Rolle (vgl. Schober in Ahne 2012). Vermutlich wurden hier die nötigen Bewegungs- und Risikokompetenzen nicht ausreichend entwickelt. Bewegungssicherheit wird durch Bewegung und das begleitete Bewältigen von Risikosituationen erlernt. Nicht Risikominimierung, sondern Risikodosierung trägt dazu bei, Sicherheit und Risikokompetenz zu fördern (vgl. Michler-Hanneken 2008). Gezielte Bewegungsherausforderungen sollten dauerhaft oder in Form von temporären Bewegungsbaustellen geschaffen werden. Schiefe Ebenen, erhöhte Podeste, die nur über Sprossenleitern zu erreichen sind, Wellentreppen, an der Decke befestigte Stehschaukeln oder ungleichmäßige Bodenbeläge erzwingen Abweichungen vom normalen Bewegungsablauf, welche die Kinder als positive Irritation empfinden und sie aufmerksamer werden lässt. Haben die Mädchen und Jungen zudem selbst am Parcours mitgebaut, stärkt dies Selbstwirksamkeitsgefühle und Bewegungsfreude (vgl. Miedzinski/Fischer 2014).

Gewagtes Spiel steigert die Risikokompetenz und baut Ängste ab

Neben solchen vorbereiteten Umgebungen geht es aber auch immer darum, potenzielle Bewegungserfahrungen im Kita-Alltag zu erkennen und zuzulassen. Ein Treppenhaus, ein Kletterbaum im Garten, ein steiler

SPRACHKURS GEGEN ANGST UND FÜR MACHBARKEIT

- „Fallt nicht hin! Stolpert nicht!"
  Besser: „Hier wird's rutschig! Achtung, lockere Steine!"
- „Ihr werdet gleich stürzen!"
  Besser: „Etwas langsamer, das ist eine sehr steile Stelle!"
- „So weit kannst du nicht springen! Wehe, du fällst rein!"
  Besser: „Nimm doch erst mal den großen Stein als Zwischenstation."
- „Ich habe Angst, das geht nicht gut!"
  Besser: „Traut ihr euch zu zweit da runter, wenn ihr euch an den Händen haltet? Dann merkt ihr, ob es geht!" oder „Man kann hier weiterlaufen, muss aber sehr achtsam sein!"
- „Ihr werdet euch wehtun!"
  Besser: „Achtung! Hier liegen Glasscherben, da müsst ihr besonders gut aufpassen!"
- „Das kann nur schiefgehen!"
  Besser: „Stopp, mach das nicht, das ist zu riskant! Wir finden einen anderen Weg."

Hügel im nahen Wald oder ein Fels am Wegrand mit wetterabhängig unterschiedlichen Bewältigungsanforderungen können genau das kalkulierbare Risiko darstellen, das zur Risikosozialisation nötig ist. Klettern ist übrigens eine der sichersten Tätigkeiten überhaupt (vgl. Breithecker in Ahne 2012), da die Kinder das Absturzrisiko kennen und sich hoch konzentriert von Ast zu Ast hangeln, so weit, wie ihr Bauchgefühl, ihr innerer Gefahrendetektor, es zulässt, und nicht weiter hinaufklettern, wenn die Angst zu groß wird.

Und wenn etwas passiert?

„Sicherheit ist nicht gleichzusetzen mit ‚null Unfällen', Sicherheit ist vielmehr ein Zustand frei von unvertretbaren Gefahren" (Bucher in Fuchs 2010). Die Richtlinie, um das Sicherheitsrisiko einzuschätzen, ist dabei nicht das Alter, sondern das aktuelle und individuelle Können und Wollen eines Kindes. Eine angemessene Risikobegleitung erlaubt es zudem, dass sich Kinder eigenaktiv Herausforderungen suchen, indem sie Dinge zweckentfremden. Tische und Bänke werden zu einem Kletterparcours, Alltagsmaterialien zu Hindernissen gestapelt. Natürlich nur, wenn keine ernsthafte Verletzungsgefahr droht. Die betreuende Fachkraft geht dabei kein Haftungsrisiko ein, solange sie ihre Aufsichtspflicht nicht verletzt. Hierbei gilt grundsätzlich: „Was pädagogisch nachvollziehbar begründet ist, kann keine Aufsichtspflichtverletzung sein" (Hundmeyer/Pimmer-Jüsten 2019, S. 17). Pädagogischer Auftrag und Aufsichtspflicht sind gleichrangig. Aus diesem Grund sollten sich Fachkräfte in Risikosituationen immer auch die Frage stellen: Verletze ich meinen Bildungsauftrag, wenn ich den Kindern bestimmte Herausforderungen, die sie suchen und die zur Förderung ihrer Risikokompetenz beitragen würden, untersage? Gabriele Haug-Schnabel spricht in diesem Zusammenhang von einem „Recht auf blaue Flecken" (vgl. Haug-Schnabel 2010, S. 9), Janusz Korczak sogar vom „Recht des Kindes auf seinen eigenen Tod". „Damit setzt er das Recht auf Tod mit dem Recht auf Risiko gleich, da jedes Risiko den Tod zur Folge haben könnte. Doch ohne Risiko können die Kinder keine eigenen Erfahrungen machen und folglich nichts daraus lernen" (Allgöwer 2009, S. 1).

Aus rechtlicher Sicht sind, wenn keine grobe Fahrlässigkeit vorliegt, die Befürchtungen, belangt zu werden, vollkommen unbegründet. Vorwürfen ängstlicher Eltern und des Trägers werden pädagogische Fachkräfte dagegen häufig ausgesetzt sein, wenn ein Kind sich verletzt hat. Aber das gehört zu ihrem Berufsrisiko. Um solchen Vorwürfen vorzubeugen, gilt es, in der regelmäßigen Zusammenarbeit mit den Eltern und in der verschriftlichten pädagogischen Konzeption die Wichtigkeit von Risikokompetenzpädagogik von vornherein überzeugend darzustellen.

5. Erziehungsbedingte Ängste

Kindliche Ängste können durch familiäre oder außerfamiliäre Erziehungsfehler geweckt und geschürt werden. Wenn pädagogische Fachkräfte gegenüber einem Kind Drohungen aussprechen nach dem Schema „Wenn du (nicht) …, dann …!", können bereits aufgrund der beim Kind gedanklich erzeugten Angstbilder künftige Situationen, die in diesem Kontext stehen, für das Kind so angstbesetzt sein, dass es diese von vornherein zu vermeiden versucht oder zumindest mit ungutem Gefühl – also geängstigt – hineingeht. Von uns bei Kitabegleitungen protokollierte Beispiele sind z. B.:

- „Wenn du das Gemüse nicht isst, wirst du krank!"
- „Wenn du deine Jacke nicht anziehst, bekommst du Schnupfen!"
- „Wenn du nicht ruhig im Stuhlkreis sein kannst, musst du rausgehen!"
- „Wenn du dich dieses Mal wieder nicht traust, werden einige Kinder lachen!"

Der angedrohte Verlust von wichtigen Erfahrungen wie Gesundheit, Teilnahme am Gruppengeschehen, Wertschätzung und Anerkennung durch die Kindergruppe, wenn nicht sogar Infragestellung von Gruppenzugehörigkeit, kann beim Kind bereits vorhandene Ängste vergrößern oder neue erzeugen und sollte keinesfalls als Erziehungsstrategie eingesetzt werden.

Von Eltern erzeugte Ängste

Kindliche Ängste können entwicklungsbedingte Ursachen haben oder sich durch situative Besonderheiten der Kindertageseinrichtung ergeben (s. Kapitel V). Manche Kinder bringen jedoch ihre Ängste auch von zu Hause mit, weil sie dort zu wenig Halt und Rücksichtnahme erleben, ihnen zu enge Grenzen gesetzt werden oder sich Ängste der Eltern, mit denen sie häufig im Familienleben konfrontiert sind, direkt auf sie und ihre Alltagsbewältigung übertragen. Dies können beispielsweise Ängste vor Krankheiten, vor Tieren, Mahlzeitensituationen, aber auch vor unbekannten Orten und Menschen anderer Kulturen sein. Auch die Angst vor Fremdem, d. h. im Familienalltag bewusst nicht zugemuteten und deshalb auch nicht vorkommenden Herausforderungen, kann auf die Kinder übertragen werden.

> Manche Kinder bringen ihre Ängste von zu Hause mit.

Gerade die neue Welt Krippe/Kita kann hier gegensteuern, wenn kulturelle und Erfahrungsvielfalt dort bewusst präsent sind und wertgeschätzt werden. Der tägliche Kontakt mit vielen Kindern, womöglich aus verschiedenen Ländern und mit unterschiedlichen Familienstrukturen kann

ÄNGSTE, DIE IHREN URSPRUNG IN DER FAMILIE HABEN

(nach Römer 2017, S. 39)

Angst durch zu strenge Erziehung
Manche Kinder haben Angst, „böse" zu sein oder zu werden. Wird ein Kind sehr autoritär erzogen und für Fehlverhalten oft bestraft, fühlt es sich abgelehnt, wenn es sich nicht „gut benimmt". Belohnen, Bestechen, Drohen und Bestrafen sind in der Erziehung generell zu vermeiden. Kritik sollte nie das Wesen des Kindes betreffen („Du bist ... !"), sondern nur bestimmte, von ihm gezeigte Verhaltensweisen.

Angst vor Liebesentzug
Kinder, die oft ausgeschimpft werden und denen mit Strafen gedroht wird, haben nicht nur Angst vor den Strafen, sondern auch vor Liebesentzug. Das kann existenziell verunsichern und aggressiv machen.

Angst vor höheren Mächten
Wenn Eltern ihr Kind religiös erziehen, sollten sie darauf achten, dass die göttliche Instanz als liebevoll geschildert wird und dem Kind keine Angst macht.

Angst wegen Haltlosigkeit
Kinder, die zu wenig emotionalen Halt und zu wenig Struktur in ihren Familien bekommen, leiden unter Angst- und Unruhezuständen. Ein klarer, gleichmäßiger Tagesablauf und eine sichere Bindung an die Bezugspersonen sind für kleine Kinder deshalb sehr wichtig.

Angst wegen Überbehütung
Wenn ein Kind überbehütet wird, kann es unsicher und ängstlich werden. Eltern müssen sich in einem solchen Fall mit ihren eigenen Ängsten beschäftigen, die sie auf ihre Kinder übertragen.

Angst wegen Grenzenlosigkeit
Eine grenzenlose oder inkonsequente Erziehung kann Kinder verunsichern und diffuse Ängste hervorrufen. Wenn Klarheit und Sicherheit fehlen, fühlen sich Kinder alleingelassen und orientierungslos.

Angst wegen Krankheit der Eltern
Kinder reagieren oft mit Angst, wenn ein Elternteil depressiv oder anderweitig schwer krank ist. In diesem Fall sollte das Kind über die Krankheit aufgeklärt werden; eine Familienberatung ist hier hilfreich.

Angst wegen heftigem Streit der Eltern
Heftige Streitereien und Tätlichkeiten zwischen den Eltern können bei Kindern tief sitzende Ängste auslösen. Eltern sollten Eskalationen im Beisein des Kindes vermeiden und eine*n Paartherapeut*in aufsuchen.

helfen, Vorurteile, Fremdheitsgefühle und damit einhergehende Ängste durch professionell begleitete Kontakte abzubauen (vgl. Haug-Schnabel et al. 2020). Hier eignet sich auch der Einsatz von Bilderbüchern, z.B. das Buch „Am Tag, als Saída zu uns kam" von Susana Gómez Redondo – eine zauberhafte Geschichte über die Begegnung zweier Kinder aus verschiedenen Kulturen, die sich forschend und spielend Fremdes zu eigen machen.

Kitas haben den Auftrag und hervorragende Möglichkeiten, einen kritischen Blick auf Medienberichterstattung zu werfen (vgl. ebd.). Vermehrt wird festgestellt, dass manche Eltern auch aufgrund betont negativer Medieninhalte irrationale Ängste vor der realen Welt entwickeln, etwa vor Kriminalität oder Krieg. Dieses „Böse-Welt-Syndrom" kann sich auf vielfältigen Wegen auf Kinder übertragen und Ängste schüren. Es ist für Kinder nicht möglich, die tatsächlich geringe Eintrittswahrscheinlichkeit eines dieser befürchteten Ereignisse richtig einzuschätzen. Darum ist das Mithören und Mitsehen von Nachrichtensendungen in der frühen Kindheit zu vermeiden. Falls Kinder entsprechende Ängste äußern, sollten ihnen diese nicht ausgeredet, aber die Tatsache betont werden, dass wir in unserem Land in großer Sicherheit leben.

6. Wenn die Angst behandlungsbedürftig ist

Von Erwachsenen verstärkte Ängste beim Kind führen mitunter zu Entwicklungsreifestörungen.

■ **Fallbeispiel:** Die 4-jährige Nora kommt eigentlich schon seit einem Jahr ohne Windeln zurecht und ist es gewohnt, die Toilette zu benutzen. Nun ist seit einer Woche wieder häufig die Unterwäsche nass und auch nachts nässt das Mädchen ein. Im Gespräch mit den Eltern zeigt sich, dass die beiden vor einer Trennung stehen und das Konfliktpotenzial zu Hause hoch ist. ■

Manchmal reagieren Kinder auf Belastungen mit Regression. Der aus dem Lateinischen stammende Begriff bedeutet ursprünglich „Zurückgegangen" und tatsächlich könnte das Symptom der sekundären Enuresis den Wunsch von Nora nach einer Zurück-Entwicklung ausdrücken. Kinder reagieren in solchen Situationen häufig mit manchmal spielerisch anmutenden Regressionen: Sie sprechen wieder Babysprache oder beginnen wieder zu krabbeln. Hintergrund ist immer der kindliche Wunsch, kleiner sein zu wollen, verwöhnt zu werden, umsorgt und behütet zu sein.

Die betreuende Fachkraft sollte verständnisvoll und geduldig mit dem Verhalten des Kindes umgehen, es

> Von Erwachsenen verstärkte Ängste führen beim Kind mitunter zu Entwicklungsreifestörungen.

als Signal ernst nehmen und spielerisch-fürsorglich beantworten. Dabei sollte sie gleichzeitig daran denken, dass das Kind jetzt besonders ihre Unterstützung in seinen Autonomieschritten, in seiner Spiel- und Lebensfreude benötigt. Gelingt dies, wird das Kind seine regressiven Bedürfnisse wieder aufgeben können, wenn der Grund dafür nicht weiterhin großen Stress verursacht. In Noras Fall wurden tief sitzende Ängste wegen der heftigen Konflikte ihrer Eltern geschürt. Dabei beeinflusst das Verhalten der Eltern das Ausmaß der kindlichen Ängste natürlich mit: Werden Streite mit etwaigen damit verbundenen Kränkungen und Drohungen immer wieder vor dem Kind ausgetragen? Leiden die Eltern demonstrativ vor dem Kind? Benutzen sie es als Schiedsrichter oder Tröster? All diese häufig familiär auftretenden Formen immenser Überforderung von Kindern können zu regelrechten Entwicklungsstörungen führen, so auch zum Wiedereinnässen, das in der Chinesischen Medizin symbolisch als „ungeweinte Tränen" bezeichnet wird. Ein einleuchtendes Bild, denn die von ihren Eltern in ihre Konflikte miteinbezogenen Kinder verdrängen ihr eigenes Traurigsein, da sie sich oft allzu sehr zuständig für das Leid ihrer Eltern fühlen. Sie spüren sich selbst meist nur wenig. Hier ist dringend der Hinweis der betreuenden Fachkraft an die Eltern gefragt, dass das Kind die Hilfe einer professionellen Abklärung sowie therapeutische Begleitung benötigt.

Deutlich anders sollte die primäre Enuresis betrachtet werden, die häufig mit einer sensomotorischen Schwäche der kindlichen Blase einhergeht und nur in seltenen Fällen, z. B. bei schwerer Vernachlässigung oder Misshandlung der Kinder, ein psychosomatisches Symptom darstellt. Heutzutage gibt es gute medizinische Fachstellen (Enuresis-Sprechstunden), die eine differenzierte diagnostische Abklärung hinsichtlich einer möglichen somatischen, sensomotorischen oder psychischen Genese der kindlichen Enuresis durchführen und Kind und Eltern auf Beratungsstellen zur Begleitung der Ausscheidungsautonomie aufmerksam machen.

ICD-10
F98.0: Nicht-organische Enuresis

Literatur

Ahne, V. (2012): Ein Recht auf Schrammen. In: Gehirn & Geist, 6/2012, S. 24–30.

Allgöwer, S. (2009): Die Rechte der Kinder bei Janusz Korczak und in der Gegenwart. Seminararbeit an der Pädagogischen Hochschule Ludwigsburg. O. A.

Armbrust, J./Hasslinger, J. (2010): Kinderängste bewältigen. Wie Erzieher/-innen Kinder stärken können. Troisdorf: Bildungsverlag EINS.

Baer, U. (2018): Wenn Oskar Angst hat. Kinder verstehen und im Kita-Alltag professionell begleiten. Berlin: Cornelsen.

Balint, M. (1959): Angstlust und Regression. Stuttgart: Klett-Cotta.

Bensel, J. (2009): Über den Anpassungsstress kleiner Kinder in Krippen. In: Bischof, C. et al. (Hrsg.): Wie wird Neues möglich? Das Unerwartete in der Psychoanalyse. DPV-Frühjahrstagung 2009. Heidelberg: o. A., S. 251–261.

Bensel, J./Haug-Schnabel, G. (2016): Kinder beobachten und ihre Entwicklung dokumentieren. kindergarten heute – wissen kompakt. 12. Auflage, Freiburg: Herder.

Bensel, J./Haug-Schnabel, G./Martinet, F. (2018): Der Übergang von der Familie in die Kindertageseinrichtung. In: Schmidt, T./Smidt, W. (Hrsg.): Handbuch empirische Forschung in der Pädagogik der frühen Kindheit. Münster: Waxmann, S. 487–506.

Bosley, I/Kasten, E. (2018): Emotionale Intelligenz. Ein Ratgeber mit Übungsaufgaben für Kinder, Jugendliche und Erwachsene. Heidelberg: Springer.

Bowlby, J. (1969): Attachment and Loss. Vol.1: Attachment. London: Hogarth.

Brandes, H. (2010): Entwicklungspotenziale von Kindergruppen – Gruppenprozesse und ihre Förderung im Kindergarten. In: Hammes-Di Bernardo, E./Speck-Hamdan, A. (Hrsg.): Kinder brauchen Kinder. Gleichaltrige – Gruppe – Gemeinschaft. Weimar: verlag das netz, S. 16–24.

Brandes, H. (2012): Die Kindergruppe als Lernort. Den selbstorganisierten Gruppen Raum geben. In: TPS, 2/2012, S. 6–11.

Buss, A. H./Plomin, R. (1984): Temperament: Early Developing Personality Traits. Hillsdale, New Jersey: Lawrence Erlbaum.

Carruth, B. R./Ziegler, P. J./Gordon, A./Barr, S. I. (2004): Prevalence of picky eaters among infants and toddlers and their caregivers' decisions about offering a new food. In: Journal of the American Dietetic Association, 1/2004 (Suppl. 1), S. 57–64.

Dilling, H./Mombour, W./Schmidt, M. H.(2015): ICD-10 Kapitel V (F). Klinisch-diagnostische Leitlinien. Nachdruck der 10. Auflage, Göttingen: Hogrefe.

Doherty, G. (1997): Zero to Six. The basis for school readiness. Ottawa: Applied Research Branch, Human Resources Development.

Dollase, R. (2015): Gruppen im Elementarbereich. Stuttgart: Kohlhammer.

Freitag, C. M./Kitzerow, J./Medda, J./Soll, S./ Cholemkery, H. (2017): Autismus-Spektrum-Störungen. Göttingen: Hogrefe.

Friedrich, S./Friebel, V. (2011): Kindern Mut machen. Hilfe bei Schüchternheit und Ängsten. Köln: Balance buch + medien.

Fuchs, G. (2010): Kinder sich bewegen lassen. Sicherheits- und Gesundheitsförderung in Kindertageseinrichtungen für Kinder unter drei Jahren. DVD. München: Bayerischer Gemeindeunfallversicherungsverband. Erhältlich über www.uk-nord.de.

Griebel, W./Niesel, R. (1998): Das Kind wird ein Kindergartenkind. Ein Übergang für die ganze Familie. In: Krenz, A./Schüttler-Janikulla, K. (Hrsg.): Handbuch für ErzieherInnen in Krippe, Kindergarten, Vorschule und Hort. 12. Auflage, München: Olzog, S. 1–14.

Grossmann, K. (2017): „An Angst kann man sich nicht gewöhnen, aber man kann abstumpfen, was zu Hilflosigkeit und Aggression führt". Interview von Jörg Maywald mit Karin Grossmann. In: frühe Kindheit, 3/2017, S. 50–54.

Gutknecht, D./Haug-Schnabel, G. (2019): Windel adé. Kinder in Krippe und Kita achtsam begleiten. Freiburg: Herder.

Gutknecht, D./Kramer, M. (2018): Mikrotransitionen in der Kinderkrippe. Übergänge im Tagesablauf achtsam gestalten. Freiburg: Herder.

Haug-Schnabel, G. (2010): Kinder haben ein Recht auf blaue Flecken. Ein Positionspapier. www.unfallkasse-nrw.de/fileadmin/server/download/praevention_in_nrw/praevention_nrw_40_neu.pdf

Haug-Schnabel, G. (2020): Umgang mit aggressivem Verhalten von Kindern, Freiburg: Herder.

Haug-Schnabel, G./Bensel, J. (2016): Kinder unter 3 – Bildung, Erziehung und Betreuung von Kleinstkindern. kindergarten heute – wissen kompakt. 12. überarb. Auflage, Freiburg: Herder.

Haug-Schnabel, G./Bensel, J. (2017a): Grundlagen der Entwicklungspsychologie. Die ersten 10 Lebensjahre. Freiburg: Herder.

Haug-Schnabel, G./Bensel, J. (2017b): Wer wagt, gewinnt. Riskantes Spiel fördert die kindliche Entwicklung. In: Kleinstkinder in Kita und Tagespflege, 2/2017, S. 6–9.

Haug-Schnabel, G./Bensel, J./Fischer, S. (2020): Stark fürs Leben. Was Kinder über 4 in der Kita wissen wollen. Freiburg: Herder.

Haug-Schnabel G./Schmid-Steinbrunner, B. (2015): Stark von Anfang an. Kinder auf dem Weg zur Resilienz begleiten. 4. aktualisierte Neuauflage, München: Oberstebrink.

Heikamp, T. (2014): Selbstregulation bei Kindern im Vorschulalter: Eine kulturvergleichende Studie in Deutschland und Indien (Dissertation). Konstanz: Universität Konstanz.

Hendy, H. M./Raudenbush, B. (2000): Effectiveness of teacher modeling to encourage food acceptance in preschool children. In: Appetite, 1/2000, S. 61–76.

Hundmeyer, S./Pimmer-Jüsten, B. (2019): Aufsichtspflicht in Kindertageseinrichtungen. Aufsichtspflicht, Haftung und Versicherungsschutz, 10. Auflage, Köln: Wolters Kluwer.

Iglowstein, I./Jenni, O. G./Molinari, L./Largo, R. H. (2003): Sleep duration from infancy to adolescence: Reference values and generational trends. In: Pediatrics, 2/2003, S. 302–307.

Juul, J. (2002): Was gibt's heute? Gemeinsam essen macht Familie stark. Düsseldorf: Patmos.

Kahl, R. (2007): „Kinder!" – ein Film über das Lerngenie von Kindern. DVD.

Keller, H. (2016): Zu jung für die Kita? – Chancen (und Risiken) einer frühen außerfamiliären Betreuung. In: Kleinstkinder in Kita und Tagespflege, 7/2016, S. 6–9.

Kirkilionis, E. (2013): Ein Baby will getragen sein. Alles über geeignete Tragehilfen und die Vorteile des Tragens. Komplett überarbeitete Auflage, Kösel: München.

Klicpera, C./Gasteiger-Klicpera, B./Besic, E. (2019): Psychische Störungen im Kindes- und Jugendalter. 2., vollständig überarbeitete und aktualisierte Auflage, Stuttgart: UTB.

Kramer, M./Gutknecht, D. (2016): Schlafen in der Kinderkrippe. Achtsame und konkrete Gestaltungsmöglichkeiten. Freiburg: Herder.

Kruska, L./Streeck-Fischer, A. (2017): Mein Kind hat Angst! Ängste im Kindesalter verstehen. In: frühe Kindheit, 3/2017, S. 6–13.

Landschaftsverband Rheinland (LVR) (Hrsg.) (2019): Kinderschutz in der Kindertagesbetreuung. Prävention und Intervention in der pädagogischen Arbeit. www.lvr.de/media/wwwlvrde/jugend/kinderundfamilien/tageseinrichtungen frkinder/dokumente_88/Broschure_Kinder schutz_27.05.2019.pdf

Maywald, J. (2019): Gewalt durch pädagogische Fachkräfte verhindern. Freiburg: Herder.

Michler-Hanneken, A. (2008): Mit Kindern im Wald. Möglichkeiten und Bedingungen in einem natürlichen Spiel- und Lebensraum. Berlin: Deutsche Gesetzliche Unfallversicherung.

Miedzinski, K./Fischer, K. (2014): Die Neue Bewegungsbaustelle: Lernen mit Kopf, Herz, Hand und Fuß. Modell bewegungsorientierter Entwicklungsförderung. 3. Auflage, Dortmund: Borgmann Media.

Pliner, P./Loewen, E. R. (1997): Temperament and food neophobia in children and their mothers. In: Appetite, 3/1997, S. 239–254.

Renz-Polster, H. (2009): Kinder verstehen. Born to be wild: Wie die Evolution unsere Kinder prägt. München: Kösel.

Renz-Polster, H. (2011): Meine Suppe ess ich nicht! In: Gehirn & Geist, 6/2011, S. 32–37.

Römer, F. (2014): Kinder dürfen Ängste haben. Wie Eltern Mut machen und Selbstvertrauen stärken. Freiburg: Herder.

Römer, F. (2017): So lernen Kinder, mit ihren Ängsten umzugehen. In: frühe Kindheit, 3/2017, S. 36–41.

Sandseter, E. B. H./Kennair, L. E. O. (2011): Children's risky play from an evolutionary perspective: the anti-phobic effects of thrilling experiences. In: Evolutionary Psychology, 2/2011, S. 257–284.

Scheerer, A. K. (2008): Krippenbetreuung: Scheitern und Gelingen. In: Psychologie heute, 6/2008, S. 32–37.

Schneider, S. (2004): Angststörungen bei Kindern und Jugendlichen. Grundlagen und Behandlung. Berlin: Springer.

Schuck, K./Schneider, S. (2017): Kinderängste. Erscheinungsbild, Diagnostik, Ursachen und Behandlungsmöglichkeiten. In: frühe Kindheit, 3/2017, S. 14–21.

Siegler, R./Eisenberg, N./DeLoache, J./Saffran, J. (2016): Entwicklungspsychologie im Kindes- und Jugendalter. Heidelberg: Spektrum Akademischer Verlag.

Specht-Tomann, M. (2015): Was macht das Monster unterm Bett? Ängste von Kindern verstehen und bewältigen. Ostfildern: Patmos.

Van de Rijt, H./Plooij, F. X./Plas-Plooij, X. (2019): Oje, ich wachse! München: Mosaik.

Wooley, J. D. (1997): Thinking about phantasy: Are children fundamentally different thinkers and believers from adults? In: Child Development 6/1997, S. 991–1011.

Wooley, J. D./Phelps, K. E. (1994): Young children's practical reasoning about imagination. In: British Journal of Developmental Psychology, 1/1994, S. 53–67.

Bilderbuchtipps

Boie, K./Dietl, E. (2012): Kirsten Boie erzählt vom Angsthaben. Hamburg: Oetinger.

Butler, M. C./Chapman, J. (2017): W-w-wer hat schon Angst im Dunkeln? Bindlach: Loewe.

Dale, E./Metcalf, P./Maar, P. (2018): Echte Bären fürchten sich nicht. Hamburg: Oetinger.

Erlbruch, W. (2000): Nachts. 9. Auflage, Wuppertal: Peter Hammer.

Helland Larsen, E./Schneider, M. (2016): Das Leben und ich. Eine Geschichte über den Tod. 2. Auflage, Berlin: Kleine Gestalten.

Janisch, H./Gehrmann, K. (2017): Keine Angst vor Löwen. Weinheim: Beltz & Gelberg.

Leibig, C. (2019): Der kleine Bauchweh. 3. Auflage, Frankfurt a. M.: Mabuse.

Limbosch, C./Daske, M. (2002): Wenn du da bist, sieht man nichts. Hörspiel über die Dunkelheit. Hamburg: Hörcompany.

Lüftner, K./Gehrmann, K. (2018): Für immer. Weinheim: Beltz & Gelberg.

Nilsson, U./Eriksson, E. (2018): Die besten Beerdigungen der Welt. 14. Auflage, Weinheim: Beltz & Gelberg.

Olten, M. (2018): Echte Kerle. Weinheim: Beltz & Gelberg.

Pauli, L./Schärer, K. (2006): mutig, mutig. Zürich: atlantis

Sanna, F. (2019): Ich und meine Angst. Zürich: NordSüd.

Schami, R./Schärer, K. (2019): „Hast du Angst?", fragte die Maus. 5. Auflage, Weinheim: Beltz & Gelberg.

Snicket, L./Klassen, J. (2014): Dunkel. Zürich: NordSüd.

Stark, U./Ramel, C. (2019): Eines Nachts. Leipzig: Klett Kinderbuch.

Wagenhoff, A./Leberer, S. (2010): Jule hat keine Angst im Dunkeln. 7. Auflage, Hamburg: Carlsen.

Winkelmann, A./Schröpel, S. (2017): Wie die kleine Angst groß werden wollte. 3. Auflage, Borsdorf: edition winterwork.

Die Bilderbuchempfehlungen erfolgten durch Claus-Peter Jepsen von der Buchhandlung Fundevogel in Freiburg.

Impressum

wissen kompakt: Kinderängste verstehen und achtsam begleiten ist ein Sonderheft von kindergarten heute – Das Fachmagazin für Frühpädagogik

Redaktion
Silke Dittmar (verantw.)
Tel. 0761/2717-209
E-Mail: dittmar@herder.de

Carolin Küstner
Tel. 0761/2717-331
E-Mail: kuestner@herder.de

Anschrift der Redaktion
Hermann-Herder-Str. 4
79104 Freiburg
Tel.: 0761 / 2717-322
E-Mail: redaktion@kindergarten-heute.de
www.kindergarten-heute.de

Verlag

www.herder.de

Bildnachweis
Titelfoto und Fotos: Hartmut W. Schmidt, Freiburg
Foto S. 16: Maria – AdobeStock
Foto S. 21: Susanne Roboom
Fotos S. 51, 54: Joachim Bensel

Layout, Satz und digitale Bearbeitung
rsrdesign, Wiesbaden, www.rsrdesign.de

Druck
Medienhaus Plump GmbH, Rheinbreitbach

Leserservice
Verlag Herder GmbH
Hermann-Herder-Str. 4
79104 Freiburg
Tel.: 0761 / 2717-379 oder 0761 / 2717-244
Fax: 0761 / 2717-249
E-Mail: kundenservice@herder.de

Gedruckt auf chlorfrei gebleichtem Papier

Printed in Germany

Titelnummer: 792
ISBN Print: 978-3-451-00792-7
ISBN E-Book (PDF): 978-3-451-81543-0